Kristina Poncin

Das Wörterbuch zum Schriftspracherwerb

Der erweiterte Grundwortschatz
nach Lernleveln sortiert

AOL verlag

Impressum

Das Wörterbuch zum Schriftspracherwerb

Dr. Kristina Poncin studierte Deutsch und Mathematik für das Lehramt, promovierte in Linguistik zur Grammatik gesprochener Sprache. Sie ist freie Redakteurin und Autorin für Bildungsmedien und Wissenschaftspublikationen.

Herausgeberin: Anja Ley hat Deutsch, Kunst und Philosophie auf Lehramt studiert und blickt auf über 20 Berufsjahre in verschiedenen Bildungs- und Erziehungsinstitutionen zurück. Sie war u. a. als Lehrerin an einer Grundschule und viele Jahre als Lerntherapeutin für lese- und rechtschreibschwache Kinder, Jugendliche und Erwachsene tätig. Heute arbeitet sie als freie Autorin, Redakteurin, Illustratorin und Fortbildungsreferentin für Schulverlage.

1. Auflage 2018

Veritaskai 3 · 21079 Hamburg
Fon (040) 32 50 83-060 · Fax (040) 32 50 83-050
info@aol-verlag.de · www.aol-verlag.de

Redaktion: Frederike Schlünder
Lektorat: omnibooks, Bielefeld
Layout/Satz: Satzpunkt Ursula Ewert GmbH, Bayreuth
Coverfoto: © johnmerlin – Fotolia.com

ISBN: 978-3-403-10525-1

Engagiert unterrichten. Begeistert lernen.

AOL verlag

Inhalt

Einleitung

Anliegen 5
Zum Wortmaterial des Wörterbuchs 9
Einige zentrale Fachbegriffe 9
Notation 11
Zur Vorgehensweise 11
Vorstellung der Progression und der Level 18
Darstellung des Wortmaterials 27

Das Wortmaterial

Fundus zentraler kleiner Wörter 30

Teil 1: Lautgetreuer Bereich

Vorstufe: Vokale und Diphthonge a, e, i, ie, o, u, au, ei 34
Level 1: m, r, s 34
Level 2: n, f, l 37
Level 3: h, z, „-en“ 39
Level 4: w, ch (nicht am Wortanfang), „-er“ 41
Level 5: p, t, k 44
Level 6: b, g, „-el“ 47
Level 7: sch, d, eu 51
Level 8: ä, ö, ü 55
Level 9: j, ß (am Silbenanfang), v in „ver-“ und „vor-“ 57
Level 10: qu, chs, ng 60
Level 11: Einfache Konsonantenverbindungen am Wortanfang 62
Level 12: Schwierige Konsonantenverbindungen am Wortanfang: st, sp, pf 66

Level 13: Konsonantenverbindungen im Wortinneren 69

Level 14: Konsonantenverbindungen am Wortende 75

Teil 2: Orthografischer Bereich

Level 15: Doppelkonsonanten bb, ff, gg, ll, mm, nn, pp, rr, ss, tt, wenn sie direkt per Pilotsprache hörbar zu machen sind 82

Level 16: ck und tz, wenn sie direkt per Pilotsprache hörbar zu machen sind 87

Level 17: Strategie Verlängern: Doppelkonsonanten am Wort-/Morphemende, Auslautverhärtung b, d, g, Velarisierung im Auslaut „-ig" 90

Level 18: Strategie Ableiten: Umlaute ä und äu 97

Level 19: Strategie Merken: Endung „-ine" 100

Level 20: Strategie Merken: Dehnungs-h 101

Level 21: Systematisierung: Schreibung von /z/ und /s/ mit s, ss oder ß 106

Level 22: Strategie Morphemanalyse: Anfangs- und Endbausteine erkennen, Stammprinzip beachten 112

Level 23: Strategie Merken: restliche Orthographeme ... 124

Literatur und Quellen 132

Einleitung

Anliegen

Liebe Kollegin, lieber Kollege,

wie Kinder lesen und schreiben lernen, ist mittlerweile sehr gut erforscht. Sie durchlaufen – grob skizziert – verschiedene Entwicklungsstufen und lernen nach und nach das System Schriftsprache kennen sowie es zu beherrschen. Nach der ersten Vorphase, der logographemischen Entwicklungsstufe, die Ausdruck für eine erste spielerische Begegnung mit den Schriftzeichen ist, lernen die Kinder zunächst auf der alphabetischen Stufe, den Lauten die richtigen Buchstaben zuzuordnen oder fachsprachlich die Phonem-Graphem-Korrespondenzen kennen. Darauf folgt die orthografische Stufe, auf der die Rechtschreibbesonderheiten und -regeln und schließlich die grammatischen Bezüge erarbeitet werden. Sind diese beiden Entwicklungsstufen erfolgreich absolviert worden, vollzieht sich das Lesen und Schreiben als automatisierter Prozess (integrativ-automatisierte Strategie), der nicht mehr reflektiert wird.

Um dieses Ziel zu erreichen, kommt es darauf an, dass die Lernenden in den jeweiligen Entwicklungsstufen gut begleitet werden. Dabei ist es nicht egal, wann welche Lerninhalte vermittelt werden. Die Systematik, der Sie als Lehrkraft dabei folgen, sollte nicht beliebig sein, sondern durchdacht und möglichst auf wissenschaftlich fundierten Erkenntnissen beruhen. Genau hier setzen wir mit dem Wörterbuch zum Schriftspracherwerb an. Aus der Reflexion aktueller Forschungsergebnisse über unser Schriftsprachsystem und über die Lernentwicklung der Kinder heraus haben wir Lernlevel entwickelt, mit denen Sie die deutsche Schriftsprache vom ersten Buchstaben bis zur komplexen Rechtschreibung systematisch in einer sinnvollen Reihenfolge vermitteln können.

Basis unserer Levelkonzeption waren zunächst die didaktischen Implikationen, die sich aus den Erkenntnissen zu den Entwicklungsprozessen und den hierbei auftretenden spezifischen Problemen beim Lesen- und Schreibenlernen ergeben. Zwei Konzepte haben die Erstellung der Lernlevel zudem maßgeblich beeinflusst: Dazu gehört der „Kieler Leseaufbau" von Renate Hacketal und Dr. Lisa Dummer-Smoch. Die dort angebotene Progression der Graphemeinführung im lautgetreuen Bereich vom Einfachen zum Schwierigen hat sich besonders in der lerntherapeutischen Praxis bewährt. Außerdem haben die Arbeiten des Sprachwissenschaftlers Prof. Dr. Günther Thomé, der mit einem Autorenteam eine Unterteilung der deutschen Schriftzeichen in Basis- und Orthographeme auf der Grundlage einer akribischen Korpusauszählung unternommen hat, unsere Levelaufteilung entscheidend mitbestimmt. Als Basisgrapheme gelten Thomé zufolge solche Schriftzeichen, die am häufigsten für die Verschriftlichung eines bestimmten Lautes verwendet werden. Das einfache **a** z. B. ist ein Basisgraphem, weil es mit 90 % gegenüber den „konkurrierenden" Orthographemen **ah** (8 %) und **aa** (2 %) am häufigsten für die Schreibung des Phonems /a:/ verwendet wird.
Aus diesem Ansatz ergibt sich die Maßgabe, den Kindern zunächst einmal die elementaren Basisgrapheme zu vermitteln, die insgesamt betrachtet gut 90 % der Schriftzeichen deutscher Texte ausmachen. Diese allgemeine Erkenntnis, im lautgetreuen Bereich und mit den häufigsten Graphemen anzufangen, ist so nicht neu und allenthalben auch in den gängigen Schulbüchern grundlegend für das Progressionskonzept. Neu ist aber, dass Thomé bei seiner Auszählung einige Grapheme als Basisgrapheme identifiziert, die üblicherweise in den etablierten Schulbuchprogrammen erst recht spät und dann wiederum als Ausnahme von der Schreibregel vermittelt werden, wie es z. B. für die **ie**-Schreibung der Fall ist (siehe Seite 35).
In der Praxis resultieren aus den hier nur angerissenen Fehlinterpretationen und falschen Reihenfolgen bei der Graphemver-

mittlung hausgemachte Probleme für die Lernenden, die wir mit unserem Levelkonzept vermeiden möchten. Es bedarf eines gewissen Umdenkens im Kleinen, denn wir möchten Sie ermutigen, vom Gewohnten einmal Abstand zu nehmen und sich auf das „Basisgraphem-Argument" einzulassen. Dies betrifft im Grunde nur einige wenige Phonem-Graphem-Korrespondenzen, für die sich andere Reihenfolgen bei ihrer Vermittlung ergeben. Welche Zuordnungen dies im Einzelnen betrifft, haben wir auf Seite 13 mit Begründungen zusammenfassend aufgeführt.

Als didaktisches Grundprinzip bei der Vermittlung des Schriftsprachsystems hat sich der silbenanalytische Ansatz (gerade im lautgetreuen Bereich) erfreulicherweise etablieren können. Mit diesem Ansatz, der sich in didaktischer Theorie und lerntherapeutischer Praxis als wirksame Förderkomponente im LRS-Unterricht erwiesen hat (Bundesministerium für Bildung [Hrsg.], 2016), wird es Ihnen insbesondere im lautgetreuen Bereich besser gelingen, auch Ihre schwächeren Schüler[1] optimal zu fördern. Sie können das Prinzip von Level 1–14 durchgängig anwenden.
Auf den orthografischen Lernleveln (ab Level 15) geht es dann um das Erlernen morphematischer Strategien, die zum Teil mit der Silbenstrategie im Widerspruch stehen, hier aber Vorrang haben sollten. Auch auf diesen Leveln folgt die Progression dem Prinzip vom Einfachen zum Schwierigen. Am Ende sind Ihre Schüler herausgefordert, mehrere morphematische Strategien gleichzeitig anwenden zu können. Wenn Sie diese Level erreicht haben, ist das Ziel einer integrativ-automatisierten Lese- und Schreibstrategie nicht mehr fern und Sie haben Ihren Schülern zu einem gelingenden Schriftspracherwerb verholfen und sie damit fit für die Zukunft gemacht. Gerade Ihre schwachen Schüler profitieren von einer strikten Einhaltung der hier empfohle-

[1] Hinweis: Wir sprechen hier wegen der besseren Lesbarkeit von Schülern bzw. Lehrern in der verallgemeinernden Form. Selbstverständlich sind auch alle Schülerinnen und Lehrerinnen gemeint.

nen Progression, denn sie können sich nach und nach den Einzelthemen widmen und eine Baustelle nach der anderen abarbeiten, ohne durch zu viele Herausforderungen auf einmal überfordert zu werden.

Jeder Hausbau benötigt ein solides und tragbares Fundament. Das sollten Sie mit unserem lernlevelbasierten Wörterbuch gemeinsam mit allen Schülern legen können.

Dafür wünschen wir Ihnen viel Erfolg!

Dr. Kristina Poncin
(Autorin)

Anja Ley
(Herausgeberin)

Zum Wortmaterial des Wörterbuchs

Als **Wörterbasis** (1018 Wörter) dienen

- der Hamburger Basiswortschatz Grundschule für die Klassen 1–4 (951 Wörter),
- der bayerische Grundwortschatz LehrplanPlus für die Klassen 1–2 (243 Wörter),
- der bayerische Grundwortschatz LehrplanPlus für die Klassen 3–4 (260 Wörter),
- der Berlin-Brandenburger Grundwortschatz für die Klassen 1–2 (304 Wörter) und
- „kleine" Wörter aus der Liste der 200 am häufigsten genutzten Wörter der deutschen Sprache (Top 100, Top 200).

Das Wörterbuch ist als Unterstützung gedacht, genau passendes Wortmaterial zum Lesen, zum Schreiben und zum Nachdenken über Rechtschreibung zu finden. Daher wurde das Wortmaterial stellenweise und insbesondere auf den unteren Lernleveln deutlich ergänzt, um ausreichend Material für gezieltes Üben auf dem jeweiligen Level zu ermöglichen.

Die Lernlevel sind schnell auffindbar, Wörter des Grundwortschatzes für Grundschulen werden durch „▶" markiert und die Wortarten Nomen, Verb und Adjektiv durch die Symbole ○, ⚲ und ⊕ angegeben.

Einige zentrale Fachbegriffe

Um das Vorgehen und die Progression bzw. die einzelnen Level präzise und nachvollziehbar beschreiben zu können, ist es erforderlich, einige Fachbegriffe zu kennen. Diese werden im Folgenden kurz vorgestellt:

Basisgraphem – Graphem, das am häufigsten zur Verschriftlichung eines Phonems verwendet wird, z. B. **a** für /a:/ wie in *Tal* im Unterschied zu **ah** für /a:/ wie in *Zahl*

Flexionsmorphem – trägt Informationen zur Flexion (wie Person, Genus, Numerus, Tempus) besonders häufig, aber nicht ausschließlich in der Wortendung, z. B. *-st* in *lachst* (2. Person, Singular, Präsens) oder *-innen* in *Lehrerinnen* (Femininum, Plural)

Graphem – kleinste bedeutungsunterscheidende Schrifteinheit (besteht aus ein bis drei Buchstaben), z. B. **a** für /a/ wie in ***a**n,* **ch** für /ç/ wie in *i**ch*** oder **sch** für /ʃ/ wie in ***sch**ön*

Grundmorphem (auch „Wortstamm") – trägt die wesentliche lexikalische Information eines Wortes, z. B. *deut* in *Bedeutung*

lautgetreu (auch „lauttreu") – wenn ein Phonem durch sein Basisgraphem verschriftlicht wird, z. B. /a:/ durch **a** wie in *T**a**l;* lautgetreue Wörter sind entsprechend Wörter, die ausschließlich mit Basisgraphemen verschriftlicht werden, was z. B. auf *Tal* zutrifft

Morphem – kleinste Spracheinheit mit einer semantischen Bedeutung oder grammatischen Funktion; so lässt sich z. B. *Bedeutung* in drei Morpheme zerlegen: *be|deut|ung,* das Grundmorphem *deut* und die Wortbildungsmorpheme *be-* und *-ung*

Orthographem – jedes Graphem zur Verschriftlichung eines Phonems (außer dem Basisgraphem), z. B. **ah** und **aa** für /a:/ wie in *Z**ah**l* und ***Aa**l*

Phonem – kleinste unterscheidbare gesprochene Lauteinheit

Präfix – Vorsilbe bzw. dem Wortstamm vorangestellter Wortbaustein, wie z. B. *auf-, be-, ein-, ge-, zwischen-*

Schreibsilbe – Gliederungseinheit des Wortes beim Schreiben

Sprechsilbe – Gliederungseinheit des Wortes beim Sprechen

Suffix – Nachsilbe bzw. dem Wortstamm angehängter Wortbaustein, wie z. B. *-ig, -st, -ung*

Wortbildungsmorphem – trägt Informationen zur Wortbildung, z. B. die Vor- oder Nachsilbe eines Adjektives oder Nomens

Notation

//	Phonem oder Phonemfolge – entsprechend der Lautschrift IPA (Internationales Phonetisches Alphabet)
ie	Graphem, das jeweils thematisiert wird
Beispiel	Beispielwort
|	Morphemgrenze
→	Ableitung
*	nicht normgerecht
▶	Wort des Grundwortschatzes
○	Nomen/Substantiv
⚲	Verb
⊕	Adjektiv

Zur Vorgehensweise

Das vorliegende Wörterbuch berücksichtigt im Unterschied zu üblichen Grundschulwörterbüchern bzw. Basiswortschatzlisten, dass die Lernenden nicht alle Grapheme gleichzeitig lernen, sondern sie ihnen sukzessive vermittelt werden. Dabei ist es wichtig, dass die einzelnen Grapheme bzw. Rechtschreibbesonderheiten isoliert und aufeinander aufbauend gelernt werden. Auf diese Weise können sich die Schüler auf das jeweilige Einzelthema konzentrieren, ohne dabei überfordert zu werden. Natürlich gibt es auch zahlreiche Wörter, die mehrere Rechtschreibbesonderheiten aufweisen. Das im Blick zu haben, kann man aber erst üben, wenn die einzelnen Besonderheiten sicher beherrscht werden.

Das Wortmaterial wurde unter folgenden Aspekten den Leveln zugeordnet:

Deutliche Phonemorientierung

Beim Schriftspracherwerb geht es nicht primär um die Vermittlung von Buchstaben, sondern darum, welche Laute man wie verschriftlicht (Phonem-Graphem-Korrespondenz). Die Grundeinheiten dazu sind Phoneme auf der Lautseite und Grapheme auf der Schriftseite. Diesem Ansatz folgt das Levelkonzept konsequent.

Konzentration auf Basisgrapheme

Jedes Phonem (kleinste unterscheidbare gesprochene Lauteinheit) hat ein Graphem (kleinste bedeutungsunterscheidende Schrifteinheit), mit dem es am häufigsten verschriftlicht wird: das Basisgraphem.

Beispiel: Für das Phonem /a:/ wird in 90% aller Fälle ein **a** geschrieben. Ich höre ein langes „a", ich schreibe ein **a** wie in *T**a**l*. Daher gilt das einfache **a** als Basisgraphem. Nur bei 8% aller Wörter wird für diesen Laut das Graphem **ah** (wie in *l**ah**m*) und bei 2% aller Wörter **aa** (wie in *H**aa**r*) verwendet. Diese beiden Grapheme nennt man daher Orthographeme.

Manchmal gibt es sogar nur ein einziges Graphem, z.B. bei /b/ wie in ***b**is*, für das immer **b** steht. Für /p/ dagegen steht am häufigsten **p** wie in ***P**apa*. Daher ist **p** das Basisgraphem. Aber auch das Orthographem **b** kann für das Phonem /p/ stehen, wie in *ga**b***.

Die hier verwendete Unterscheidung, welches Graphem als Basisgraphem einzustufen ist und welche weiteren als Orthographeme gelten, basiert auf dem sprachwissenschaftlichen Werk *Deutsche Wörter nach Laut- und Schrifteinheiten gegliedert* (Thomé, Thomé 2016), dem eine Auszählung von 100.000 Phonem-Graphem-Beziehungen zugrunde liegt (vgl. Siekmann, Thomé 2012; Thomé, Siekmann, Thomé 2011).

Ein guter Lese- und Rechtschreibunterricht sollte sich zunächst und nachhaltig auf die Vermittlung von Basisgraphemen kon-

zentrieren, denn diese Schrifteinheiten machen ca. 90 % aller deutschsprachigen Texte aus, wohingegen Orthographeme nur zu 10 % beteiligt sind (vgl. Thomé, Thomé 2016, S. 6).
Auf dieser Erkenntnis beruht auch die Levelkonzeption. Das führt dazu, dass einzelne Laute, die als „Ausnahmeschreibung" deklariert im Normalfall erst spät im Unterricht behandelt werden, in diesem Konzept bereits sehr früh eingeführt werden.

Die markantesten Verschiebungen sind:

chs vor x

Es zeigt sich, dass einige Buchstaben ausschließlich als Orthographeme genutzt werden, z. B. **x** und **y**. Das Basisgraphem für /ks/ ist dagegen **chs** wie in *Fuchs* (71 % gegenüber 29 % **x**, ebd., S. 115).

ie von Anfang an

Noch bemerkenswerter ist ein Ergebnis zum Langvokal /iː/. Entgegen der Mehrheit der Rechtschreiblehrgänge, in denen **ie** als Ausnahmeschreibung quasi problematisiert wird, handelt es sich beim **ie** deutlich um das Basisgraphem für /iː/ wie in *s**ie***: 72,2 % gegenüber 17,7 % Schreibungen mit **ih**, 8,7 % Schreibungen mit **i** und 1,4 % mit **ieh** (ebd., S. 111). Für das kurze /i/ wie in *bis* ist dagegen **i** das Basisgraphem (99,75 %, ebd.). Beachten Sie bitte, dass ein unbetontes /ɪ/ wie in *wenige* oder *hinein* immer mit **i** verschriftlicht wird.

Schrittweise Einführung der Basisgrapheme

Die Basisgrapheme werden schrittweise eingeführt. Wörter und Wortformen, in denen die Grapheme als Orthographeme auftreten, werden gemieden. Das klingt einfach, hat aber Konsequenzen für das Wortmaterial, besonders wenn man nicht nur mit isolierten Wörtern arbeiten möchte. Bei zahlreichen Wörtern lassen sich einige Flexionsformen deutlich früher nutzen als an-

dere. *Sau* beispielsweise ist komplett lautgetreu, während *Säue* das Orthographem **äu** enthält. Auch *sage* und *sagen* sind beide lautgetreu, nicht aber *sa**g**st* oder *sa**g**t* mit **g** für /k/ (sogenannte Auslautverhärtung).
Bis Level 10 sind keine Konsonantenverbindungen vorgesehen, sondern nur Folgen von Konsonanten und Vokalen bzw. Diphthongen im steten Wechsel. Nur in seltenen Fällen grenzen Vokale an Silbengrenzen aneinander, z. B. in *Ferien* und *miauen*. Die Buchstabenfolgen **ch** und **sch**, die durch ein Phonem wiedergegeben werden, sind in diesem Sinne keine Konsonantenverbindungen und werden z. B. auf Level 4 und 7 eingeführt. Dies wird in den Hinweisen zu den Leveln aber auch explizit erklärt. Dasselbe gilt für zwei weitere Ausnahmen auf den Leveln 9 und 10.

Entsprechend baut sich auch der Fundus der geeigneten Wörter stufenweise auf. Um dem Rechenschaft zu tragen, werden nicht wie sonst üblich die Wörter des Grundwortschatzes alphabetisch sortiert und mit ihren üblichen Grundformen in einem Eintrag gelistet, sondern diese Grundformen werden gegebenenfalls entsprechend den erforderlichen Graphemen auf unterschiedlichen Leveln eingeführt.
Vor dem Übergang zum orthografischen Bereich werden die Konsonantenverbindungen eingeführt, und zwar nach wie vor als Folgen von Basisgraphemen: zunächst am Wortanfang, dann in der Wortmitte und schließlich am Ende des Wortes bzw. Morphems.
Die zentralen Strategien bis zu diesem Zeitpunkt sind die Lautanalyse des Wortes und das Einführen und Festigen der Phonem-Basisgraphem-Beziehungen. Für die Lautanalyse kann man sich den Sprechrhythmus und die Silbengliederung zunutze machen.

Übergang vom lautgetreuen zum orthografischen Bereich

Im orthografischen Bereich geht es darum, schrittweise Strategien zu vermitteln bzw. zu erlernen, um die Regeln zur Verwendung der Orthographeme zu verstehen und ihre Anwendung zu beherrschen.
Später geht es auch zunehmend um orthografische Regeln zur Großschreibung, zur Zusammen- und Getrenntschreibung sowie zur Interpunktion, die im vorliegenden Wörterbuch jedoch nicht berücksichtigt werden. Grund hierfür ist, dass die meisten dieser orthografischen Phänomene nur in Abhängigkeit vom Satzkontext zu verstehen und zu entscheiden sind.
Dieses Wörterbuch berücksichtigt zwar die Großschreibung, jedoch ausschließlich für „echte" Nomen, nicht für Satzanfänge oder Nominalisierungen, d. h., es fokussiert auf isolierte Wörter. Es werden aus Platzgründen kaum Komposita gelistet, wohl aber komplexe Wortbildungen mit Prä- und Suffixen.

Die Strategien

Folgende Strategien werden systematisch vorgestellt und nutzbar gemacht:

- Phonemanalyse: Welche Laute hörst du?
- Basisgrapheme: Schreibe im Zweifel das Basisgraphem (und kenne zu jedem Phonem das Basisgraphem)!
- Silbengliederung: Zerlege das Wort in Silben!
- Verlängern: Verlängere das Wort, um den ursprünglich letzten Laut hörbar zu machen!
- Ableiten: Suche andere Formen desselben Wortes/Wortstammes, um fragliche Laute hörbar oder erschließbar zu machen!
- Pilotsprache: Sprich überdeutlich, um fragliche Laute hörbar zu machen!

- Systematisieren: Wende auf dem Weg zur Entscheidung mehrere Strategien systematisch an!
- Präfixe und Suffixe erkennen: Zerlege das Wort in Wortstamm, Anfangs- und Endbaustein(e)!
- Wortstamm betrachten: Beachte das Stammprinzip. Der Wortstamm ändert sich (in der Regel) nicht!

Wenn diese Strategien nicht greifen:
- Merken: Präge dir die Schreibung ein!

Strategien, bei denen Anfangs- und Endbausteine oder der Wortstamm in den Blick genommen werden, sind eindeutig morphematisch orientiert.
All diese Strategien werden schrittweise eingeführt und daher auch Level genannt. Bei zahlreichen Wörtern gibt es zudem mehrere orthografisch relevante Stellen, über deren Schreibung man entscheiden muss. In solchen Fällen müssen mehrere Strategien angewendet werden. Daher hat man es im orthografischen Bereich streng genommen eher mit Themen zu tun, die immer wieder betrachtet und geübt werden müssen. Erfahrungsgemäß haben Lernende erkennbar größere Schwierigkeiten, wenn sie nicht nur auf eine Strategie fokussieren, sondern mehrere gleichzeitig beachten sollen oder gar entscheiden müssen, welche der Strategien im Einzelfall passen.

Ergänzungsstrategie: Ganzwörter merken

Wollte man zunächst ausschließlich aus Basisgraphemen gebildete Wörter einführen, würde man zu lange auf zentrale kleine Wörter verzichten, die nicht lautgetreu sind, aber sehr häufig vorkommen und für die Bildung von Sätzen unverzichtbar sind. Daher sollten Sie schon früh die Strategie einführen, sich einige wenige, aber zentrale kleine Wörter als Ganzwörter zu merken.

Zu diesem Zweck bietet das Wörterbuch einen Fundus zentraler kleiner Wörter: Dieser besteht aus sehr häufig genutzten Wörtern (nach https://www.gut1.de/grundwortschatz/aufbau.html), die regulär auf höheren lautgetreuen Leveln oder erst im orthografischen Bereich anzusiedeln sind:

ich	bin
du	bist
der, die, das	ist
wir	sind
ihr	seid
dann, mit, und, vom, von, vor, zu	

Einige besonders wichtige Wörter (eine möglichst kleine, überschaubare Auswahl) kann man von Anfang an als Ganzwörter verwenden, also ohne auf die einzelnen Buchstaben bzw. Grapheme einzugehen und auch zu einem Zeitpunkt, an dem die Grapheme noch nicht eingeführt wurden. Dieses Vorgehen hat zwei Vorteile: Die Lernenden können sich so rascher in vollständigen Sätzen ausdrücken und diese auch orthografisch bewältigen. Zugleich schleifen sich die Wortbilder und Schreibungen früh ein, da man so häufig mit ihnen zu tun hat.
Kleine Wörter wie *im, in, am, an, aus* ... können eingeführt werden, wenn die notwendigen Grapheme eingeführt sind.
Hinweis: Alle kleinen Wörter tauchen zusätzlich auch auf den Leveln auf, auf denen sie regulär schreibbar werden.

Vorstellung der Progression und der Level

Lautgetreuer Bereich

Vorstufe

Die Verschriftlichung der Vokale und Diphthonge durch Basisgrapheme, und zwar

a	für /a/ wie in *am*, für /aː/ wie in *Ameise*	**o**	für /ɔ/ wie in *oft*, für /oː/ wie in *so*
e	für /ə/ wie in *rase*, für /ɛ/ wie in *es*, für /eː/ wie in *lese*	**u**	für /ʊ/ wie in *um*, *Bus*, für /uː/ wie in *nun*, *Ufo*
		au	für /aʊ̯/ wie in *Sau*, *aus*
i	für /ɪ/ wie in *im*, *eilige*	**ei**	für /aɪ̯/ wie in *Eis*, *sei*
ie	für /iː/ wie in *sie*		

Level 1: **m, r, s**

m	für /m/ wie in *Maus*, *Ameise*, *im*
r	für /ʀ/ wie in *Rose*, *rase*, *Ara*
s	für stimmhaftes /z/ wie in *Seil*, *sause*, für stimmloses /s/ im Auslaut eines Wortes wie in *aus*, *Reis*
Nicht:	Die Nachsilbe „**-er**“ ist auf diesem Level noch nicht vorgesehen.

Level 2: **n, f, l**

n	für /n/ wie in *Nase*, *Leine*, *nun*
f	für /f/ wie in *Feile*, *rufe*, *lief*
l	für /l/ wie in *Lama*, *male*, *faul*
Nicht:	Die Nachsilben „**-el**“ und „**-en**“ sind auf diesem Level noch nicht vorgesehen.

Level 3: **h, z, „-en“**

h	für /h/ wie in *Hase, Zuhause*
z	für /ʦ/ wie in *Ziel, heizen, Reiz*
„-en“	für /ən/ oder /n̩/ wie in *lesen*
Nicht:	silbentrennendes **h** oder Dehnungs-**h**

Level 4: **w, ch (nicht am Wortanfang), „-er“**

w	für /v/ wie in *Wal*
ch	für /ç/ wie in *ich, Eiche,*
	für /χ/ wie in *Rauch, lachen*
„-er“	für /ɐ/ wie in *einer, reicher, Hafer*
Nicht:	**ch** am Wortanfang

Level 5: **p, t, k**

p	für /p/ wie in *Pause, Papa*
t	für /t/ wie in *Taucher, reiten, Tat*
k	für /k/ wie in *Kater, Rakete, Panik*

Level 6: **b, g, „-el“**

b	für /b/ wie in *Baum, leben*
g	für /g/ wie in *Geige, geben*
„-el“	für /əl̩/ wie in *Gabel*
Nicht:	**b** und **g** im Auslaut

Level 7: **sch, d, eu**

sch	für /ʃ/ wie in *Schaukel, lauschen, Fisch*
d	für /d/ wie in *Dach, Nudel*
eu	für /ɔɪ̯/ wie in *Euro, neun, scheu*
Nicht:	**d** im Auslaut

Level 8: ä, ö, ü

ä für /ɛː/ wie in *Käfer*
ö für /øː/ wie in ***Ö**l, b**ö**se,*
für /ø/ wie in ***ö**fter, K**ö**chin*
ü für /yː/ wie in ***ü**ben, Z**ü**ge,*
für /ʏ/ wie in *K**ü**che*
Nicht: ä, wenn es auf a-Schreibung zurückführbar ist, oder ä für ein kurzes /ɛ/

Level 9: j, ß (am Silbenanfang), v in „ver-" und „vor-"

j für /j/ wie in *jede, Jo-Jo, Boje*
ß für stimmloses /s/ (am Silbenanfang) wie in *rei**ß**en, au**ß**er*
v für /f/ in den Vorsilben ***„ver-"*** und ***„vor-"***
Ausnahme: Da **„ver-"** und **„vor-"** so häufig vorkommen und als Einheit gut erfassbar sind, wird das **v** in den beiden Vorsilben (jedoch nur in diesen) bereits hier eingeführt – als Orthographem jedoch erst auf Level 23.

Level 10: qu, chs, ng

qu für /kv/ wie in ***Qu**al, be**qu**em*
chs für /ks/ wie in *Lu**chs**, We**chs**el*
ng für /ŋ/ wie in *Di**ng**, Que**ng**elei*

Level 11: Einfache Konsonantenverbindungen am Wortanfang

bl wie in ***Bl**üte, **bl**au*
br wie in ***Br**ause, **br**aun*
dr wie in ***Dr**achen, **dr**ei*
fl wie in ***Fl**asche, **fl**au*
fr wie in ***Fr**au, **fr**ei*
gl wie in ***Gl**as, **gl**auben*

gr wie in ***Gr**as*, ***gr**au*
kl wie in ***Kl**age*, ***kl**ar*
kn wie in ***Kn**ete*, ***kn**oten*
kr wie in ***Kr**an*, ***kr**achen*
pl wie in ***Pl**an*, ***pl**agen*
pr wie in ***Pr**eis*, ***pr**üfen*
schl wie in ***Schl**ange*, ***schl**agen*
schm wie in ***Schm**iererei*, ***schm**al*
schn wie in ***Schn**abel*, ***schn**iefen*
schr wie in ***Schr**ei*, ***schr**eiben*
schw wie in ***Schw**ein*, ***schw**er*
tr wie in ***Tr**ödel*, ***tr**eiben*
tsch wie in ***tsch**üs*
zw wie in ***Zw**iebel*, ***zw**ei*

Level 12: Schwierige Konsonantenverbindungen am Wortanfang: st, sp, pf

st für /ʃt/ wie in ***St**ein*, ***st**oßen*
sp für /ʃp/ wie in ***Sp**aten*, ***sp**ielen*
pf für /pf/ wie in ***Pf**au*, ***pf**eifen*

Level 13: Konsonantenverbindungen im Wortinneren

(lautgetreue) Konsonantenverbindungen im Wortinneren
Nicht: Wörter mit Velarisierung oder Auslautverhärtung am Morphemende im Wortinneren wie **gst** für /çst/ wie in *lusti**gst**e* oder **ndl** für /ntl/ wie in *lä**ndl**ich*

Level 14: Konsonantenverbindungen am Wortende

am Morphemende wie in *Qua**tsch***,
zusätzliche Flexionssuffixe wie in *qua**tschst**, lei**mst***

Orthografischer Bereich

Level 15 = Thema 1: Doppelkonsonanten **bb, ff, gg, ll, mm, nn, pp, rr, ss, tt**, wenn sie direkt per Pilotsprache hörbar zu machen sind

bb	für /b/ wie in *Ebbe* → /ˈɛbbə/Pilotsprache
ff	für /f/ wie in *Affe* → /ˈaffə/Pilotsprache
gg	für /g/ wie in *Flagge* → /ˈflaggə/Pilotsprache
ll	für /l/ wie in *alle* → /ˈallə/Pilotsprache
mm	für /m/ wie in *Flummi* → /ˈflʊmmi/Pilotsprache
nn	für /n/ wie in *Spinne* → /ˈʃpɪnnə/Pilotsprache
pp	für /p/ wie in *Puppe* → /ˈpʊppə/Pilotsprache
rr	für /ʀ/ wie in *irren* → /ˈɪʀʀən/Pilotsprache
ss	für /s/ wie in *Tasse* → /ˈtassə/Pilotsprache
tt	für /t/ wie in *Latte* → /ˈlattə/Pilotsprache

Level 16 = Thema 2: **ck** und **tz**, wenn sie direkt per Pilotsprache hörbar zu machen sind

ck	für /k/ wie in *backen* → /ˈbakkən/Pilotsprache
tz	für /ʦ/ wie in *Katze* → /ˈkatʦə/Pilotsprache

Level 17 = Thema 3: Strategie Verlängern

A: Doppelkonsonanten am Wort-/Morphemende

Beispiele sind

ff	für /f/ wie in *Griff* → *Griffe* → /ˈgʀɪffə/Pilotsprache
ll	für /l/ wie in *Metall* → *Metalle* → /meˈtallə/Pilotsprache
nn	für /n/ wie in *kennst* → *kennen* → /ˈkɛnnən/Pilotsprache
ck	für /k/ wie in *Block* → *Blöcke* → /ˈblœkkə/Pilotsprache
tz	für /ʦ/ wie in *hetzt* → *hetzen* → /ˈhɛtʦən/Pilotsprache

B: Auslautverhärtung b, d, g

b	für /p/ wie in *Dieb* → *Diebe* → /ˈdiːbə/
d	für /t/ wie in *Sand* → *sandig* → /ˈzandɪç/
g	für /k/ wie in *log* → *gelogen* → /gəˈloːgən/

C: Velarisierung im Auslaut „-ig"

„-ig" für /ç/ wie in *wichtig* → *wichtige* → /ˈvɪçtɪɡə/

Level 18 = Thema 4: Strategie Ableiten: Umlaute ä und äu

ä für /ɛː/ wie in *Räder*, abgeleitet von *Rad*,
für /ɛ/ wie in *Hände*, abgeleitet von *Hand*

äu für /ɔɪ̯/ wie in *Räuber*, abgeleitet von *rauben*

Level 19 = Thema 5: Strategie Merken: Endung „-ine"

„-ine" für /iːnə/ wie in *Kabine*

Level 20 = Thema 6: Strategie Merken: Dehnungs-h

ah, äh, eh, ih, ieh, oh, öh, uh, üh, eih

A: h an Silbengrenze wie in *sehen*, mit Pilotsprache hörbar zu machen: → /ˈzeːhən/Pilotsprache (teilweise vorheriges Ableiten erforderlich, wie in *sieht* → *sehen*)

B: h im Silbeninneren vor Konsonant wie in *fährt*, nicht hörbar zu machen

Level 21 = Thema 7: Systematisierung: Schreibung von /z/ und /s/ mit s, ss oder ß

ß für stimmloses /s/ nach langem Vokal oder Diphthong auch am Wort-/Morphemende wie in *Gruß, reißt*

Systematisierung: Schreibung von /z/ und /s/ mit **s**, **ss** oder **ß**

s für stimmhaftes /z/ wie in *lesen* (ab Level 1),
für stimmloses /s/ im Auslaut eines Wortes, das durch Verlängern oder Ableiten hörbar zu machen ist, wie in *las* (ab Level 1),
für stimmloses /s/ wie in *aus* (ab Level 1),

	für stimmloses /s/ nach Vokal in **st** wie in *Rest* (und selten **sk** wie in *Maske*, **sp** wie in *Wespe*, **sb** wie in *lesbar*, **sz** wie in *Disziplin*) im Inneren (ab Level 14) oder Auslaut des Morphems (ab Level 15),
	für stimmloses /s/ in Flexionssuffixen (ab Level 15)
ss	für stimmloses /s/ nach kurzem Vokal (vgl. Level 15 und Level 17)
ß	für stimmloses /s/ nach langem Vokal oder Diphthong (teilweise Level 9) wie in *grüßen, außer*

Level 22 = Thema 8: Strategie Morphemanalyse

A: Anfangs- und Endbausteine erkennen

- Präfixe: ab-, an-, auf-, aus-, be-, bei-, durch-, ein-, ent-, ge-, gegen-, hin-, hinter-, mit-, um-, un-, über-, ver-, vor-, wieder-, zu-, zwischen-
- wortartentypische Suffixe
  Nomen: -chen, -heit, -in, -ion, -keit, -nis, -schaft, -tum, -ung
  Adjektive: -bar, -haft, -ig, -isch, -lich, -los, -sam
  Verben: -e, -en, -n, -st, -t, -te, -ten, -test, -tet (Präsens und Präteritum)

B: Stammprinzip beachten

Beispiele sind:

Auslautverhärtung **b**, **d**, **g** in einer Form des Morphems, dann in allen anderen, auch wenn man /p/ statt /b/ hört wie in *rei**b**|st*, /t/ statt /d/ wie in *en**d**|lich* bzw. /k/ statt /g/ wie in *Klu**g**|heit*

Verschriftlichung von /ks/, wenn **s** nicht zum Grundmorphem gehört, und zwar durch

cks	wie in *ausdru**ck**|**s**|los* → *Druck,*
	wie in *di**ck**|**s**te* → *dick*
ks	wie in *par**k**|**s**t* → *park* → *park|en*

gs wie in *lüg|st* → *lüg* → *lüg|en*

s für /s/ wie in *reis|ten* → *reis|en* → /ˈʀaɪ̯zn̩/

Dehnungs-h im Wortstamm, dann in allen Flexionsformen, auch bei Wechsel des Stammvokals: *seh|en* → *sah|en, säh|e, sieh|st*

Level 23 = Thema 9: Strategie Merken: restliche Orthographeme

nicht verlängerbare Doppelkonsonanten am Wort-/Morphemende

nn für /n/ wie in *wenn, dann*

tz für /ʦ/ wie in *jetzt, plötzlich*

nicht verlängerbarer, verhärteter Auslaut

b für /p/ wie in *ab*

d für /t/ wie in *seid*

g für /k/ wie in *jeglich, weg*

weitere Orthographeme in deutschen Wörtern

ä für /ɛ/ wie in *ätzend*

ai für /aɪ̯/ wie in *Kaiser*

dt für /t/ am Morphemende wie in *Stadt*

i für /iː/ wie in *Igel, Biber*

v für /f/ wie in *viel*

Doppelvokale

aa für /aː/ wie in *Haar*

ee für /eː/ wie in *Meer, Idee*

oo für /oː/ wie in *Zoo*

Orthographeme in Fremdwörtern

a für /ɛ/ in Fremdwörtern wie *Scanner*

ai für /ɛː/ in Fremdwörtern wie *Training, fair*

c für /k/ in Fremdwörtern wie *Comic*,
für /ʦ/ in Fremdwörtern wie *circa*

ch	für /ç/ am Wortanfang / in Fremdwörtern wie *__Ch__emie,* für /k/ am Wortanfang / in Fremdwörtern wie *__Ch__or,* für /ʃ/ am Wortanfang / in Fremdwörtern wie *__Ch__efin,* für /ʧ/ am Wortanfang / in Fremdwörtern wie *__ch__atten*
i	für /aɪ/ in Fremdwörtern wie *onl__i__ne* für /i:/ in Fremdwörtern wie *K__i__no*
j	für /ʤ/ in Fremdwörtern wie *__J__ob*
oo	für /u:/ in Fremdwörtern wie *c__oo__l*
ph	für /f/ in Fremdwörtern wie *__Ph__ilroso__ph__ie*
th	für /t/ in Fremdwörtern wie *__Th__eater, le__th__al*
v	für /w/ in Fremdwörtern wie *__V__itamin, Le__v__el*
x	für /ks/ in Fremdwörtern wie *__X__ylofon, fi__x__*
y	für /aɪ̯/ in Fremdwörtern wie *Rec__y__cling,* für /i/ in Fremdwörtern wie *Bab__y__, Hand__y__,* für /j/ in Fremdwörtern wie *__Y__ak, __Y__en,* für /ʏ/ in Fremdwörtern wie *Rh__y__thmus,* für /y:/ in Fremdwörtern wie *Z__y__pern*

Darstellungsweise des Wortmaterials

Das Wortmaterial jedes Levels wird nach demselben Schema vorgestellt:
Die Überschrift gibt in Kurzform an, was eingeführt wird, dann folgt zur Erinnerung das, was bereits bekannt ist, bevor das neu Eingeführte vorgestellt wird. Wenn möglich werden hier konkret die Phonem-Graphem-Zuordnungen sowie Beispielwörter genannt.
Es folgen Hinweise, was genau zu beachten ist. Teilweise sind das weitere Beispiele, oft aber auch Hinweise auf mögliche falsche Einordnungen oder auf Phänomene, die mit den Basisgraphemen noch nicht erfassbar sind.
Schließlich kommt die Liste der neuen Wörter. Wenn mehrere Phänomene auf einem Level behandelt werden und die Liste entsprechend umfangreich ist, werden die Wörter nach Phänomenen getrennt dargestellt.

Wenn ein Wort nicht in seiner Grundform, sondern einer abgeleiteten Form gelistet wird, z. B. *liest*, dann wird nicht nur die Wortart angegeben, sondern auch die Grundform des Wortes, hier *lesen*. Dabei kann es zu dem ungewohnten Phänomen kommen, dass abgeleitete Formen auf einem früheren Level als ihre Grundform eingeführt werden. Der Verweis auf die Grundform ist daher vor allem für Sie als Lehrkraft gedacht, sie eignet sich nicht unbesehen bereits auf dem Level auch als Übungswort.

Die pro Level wiederkehrende Struktur ist also:
- Level Nummer: Stichworte zum Level
- Bereits bekannt
- Neu eingeführt
- Hinweise
- Neue Wörter

Das Wortmaterial

Fundus zentraler kleiner Wörter

Diese Liste führt vor allem die kleinen Wörter an, bei denen Konsonantenhäufungen vorkommen oder die im Bereich der orthografischen Strategien anzusiedeln sind.
Die anderen kleinen Wörter wie *im, in, am, an* ... werden eingeführt, wenn die notwendigen Buchstaben eingeführt sind.

Ab den auf Seite 31 und 32 angegebenen Leveln kennen die Kinder alle Buchstaben, die sie zur Schreibung der Wörter benötigen. Hier ist bewusst von Buchstaben statt Graphemen die Rede, weil die Kinder beispielsweise bereits **i** und **h** als Basisgrapheme kennengelernt haben. So kennen sie auch die beiden Schriftzeichen, nicht aber das daraus gebildete Orthographem **ih.**

Die 19 Wörter dieses Fundus werden daher zusätzlich auf den Leveln gelistet, in denen sie regulär schreibbar werden.

Man kann natürlich für einige besonders zentrale Wörter entscheiden, diese von Anfang an als Ganzwörter zu verwenden, ohne auf die Buchstaben bzw. Grapheme einzugehen:

ich	bin
du	bist
der, die, das	ist
wir	sind
ihr	seid
dann, mit, und, vom, von, vor, zu	

Die 19 genannten Wörter sowie weitere zentrale kleine Wörter lassen sich, wie im Folgenden dargestellt, pro Level schrittweise einführen:

Ab Level 1
- mir
- sie

Ab Level 2
- alle
- als
- also
- ins
- uns

Ab Level 3
- ihm
- ihn
- ihnen
- ihr
- ihre
- mehr

ohne
- sehr
- zu

Ab Level 4
- ich
- nicht
- unser
- unsere
- wann
- wenn
- wir

Ab Level 5
- etwas

fast
- ist – *sein*
- mit
- oft ⊕
- unten
- unter

Ab Level 6
- ab
- bis
- bist – *sein*
- gleich
- ob
- weg

Ab Level 7

- bald
- dann
- das
- denn
- der
- die
- dir
- dort
- du
- seid – *sein*
- sind – *sein*
- und
- wird – *werden*

Ab Level 9

- jetzt
- viel ⊕
- vom
- von
- vor

Teil 1: Lautgetreuer Bereich

Vorstufe: Vokale und Diphthonge
a, e, i, ie, o, u, au, ei

Level 1: m, r, s

Bereits bekannt

–

Neu eingeführt

Vorstufe: Die Verschriftlichung der Vokale und Diphthonge durch Basisgrapheme, und zwar

a für /a/ wie in *am*,
für /aː/ wie in *Ameise*

e für /ə/ wie in *rase*,
für /ɛ/ wie in *es*,
für /eː/ wie in *lese*

i für /ɪ/ wie in *im, eilige*

ie für /iː/ wie in *sie*

o für /ɔ/ wie in *oft*,
für /oː/ wie in *so*

u für /ʊ/ wie in *um, Bus*,
für /uː/ wie in *nun, Ufo*

au für /aʊ̯/ wie in *Sau, aus*

ei für /aɪ̯/ wie in *Eis, sei*

Level 1:

m für /m/ wie in *Maus, Ameise, im*

r für /ʀ/ wie in *Rose, rase, Ara*

s für stimmhaftes /z/ wie in *Seil, sause*,
für stimmloses /s/ im Auslaut eines Wortes wie in *aus, Reis*

Hinweise

Es werden mehrere Laute durch dasselbe Basisgraphem verschriftlicht.
Bei den Vokalen **a**, **e**, **o** und **u** werden die lang und die kurz gesprochenen Laute mit demselben Graphem verschriftlicht.
Beim Vokal **i** dagegen wird das lang gesprochene /i:/ in 72 % der Fälle mit **ie** verschriftlicht, gefolgt von fast 18 % **ih**-Schreibungen (siehe „Ergänzungsstrategie: Ganzwörter merken", Seite 16, und systematisiert auf Level 20), dann erst gefolgt von 8,7 % **i**-Schreibungen (siehe Level 19 für Wörter mit „**-ine**" und Level 23).

Am Anfang einer Silbe ist das **s** stimmhaft, am Ende dagegen stimmlos. Beides sind lautgetreue Phonem-Graphem-Abbildungen.
Vorteil: Das **s** wird deutlich getrennt von **ß** und **ss** eingeführt und kann schon gefestigt werden, ehe auf Level 21 **ß** am Silben- und Wortende eingeführt wird.

Die Nachsilbe „**-er**" ist auf diesem Level noch nicht vorgesehen.

Neue Wörter

► am
die ► Ameise ◯
der Ara ◯
die Au ◯
► aus
das ► Ei ◯
das ► Eis ◯
► er
► es
► im
die ► Mama ◯
die Mami ◯
Mara *(Name)*
Maro *(Name)*
die ► Maus ◯
die Meise ◯
die Mimose ◯
► mir
Mo *(Name)*
Momo *(Name)*
die ► Oma ◯
die Omi ◯

Rami *(Name)*
ich rase ⚲ – *rasen*
rau ⊕
der ► Raum ◯
► raus
ich reime ⚲ – *reimen*
der Reis ◯
die Reise ◯
der Riese ◯
rosa ⊕ *(nicht steigerbar)*
die Rose ◯
Sami *(Name)*
die Sau ◯
ich sause ⚲ – *sausen*
sei ⚲ – *sein*
► sie
► so
Suse *(Name)*
Susi *(Name)*
► um

Level 2: n, f, l

Bereits bekannt

Vorstufe: Vokale und Diphthonge **a**, **e**, **i**, **ie**, **o**, **u**, **au**, **ei**
Level 1: **m**, **r**, **s**

Neu eingeführt

n	für /n/ wie in ***N**ase, Lei**n**e, **n**u**n***
f	für /f/ wie in ***F**eile, ru**f**e, lie**f***
l	für /l/ wie in ***L**ama, ma**l**e, fau**l***

Hinweise

Nicht: Die Nachsilben „**-el**“ und „**-en**“ sind auf diesem Level noch nicht vorgesehen.

Neue Wörter

	Ali *(Name)*
	► an
die	Ananas ◯
	► auf
die	Eile ◯
	► ein
	► eine
	Eli *(Name)*
	~~Fatima~~ *(Name)*
	faul ⊕
ich	feile ⚲ – *feilen*
die	Feile ◯
	► fein ⊕
	fiel ⚲ – *fallen*
das	Finale ◯
	► in
das	Lama ◯
	Lara *(Name)*
	las ⚲ – *lesen*
	lau ⊕
ich	laufe ⚲ – *laufen*
die	Laune ◯
die	Laus ◯
ich	leime ⚲ – *leimen*
die	Leine ◯
	► leise ⊕
ich	lese ⚲ – *lesen*
	lief ⚲ – *laufen*
das	Lineal ◯
die	Lore ◯

		los ⊕ *(nicht steigerbar)*
das		Los ◯
		Lulu *(Name)*
	▶	mal
ich		male ⚲ – *malen*
	▶	man
das		Maul ◯
die		Meile ◯
	▶	mein
	▶	meine
die		Melone ◯
		Mona *(Name)*
der	▶	Name ◯
		nanu
die	▶	Nase ◯
	▶	nein
		Nemo *(Name)*
	▶	nie
ich		niese ⚲ – *niesen*
		Nora *(Name)*
	▶	nun
	▶	nur
		Ole *(Name)*
		rauf
ich		raufe ⚲ – *raufen*
die		Rauferei ◯
		rein ⊕
		Renate *(Name)*
		rief ⚲ – *rufen*
ich		rufe ⚲ – *rufen*
die		Rune ◯
die		Safari ◯
die		Salami ◯
die	▶	Seife ◯
das		Seil ◯
	▶	sein
	▶	sein ⚲
	▶	seine
das		Sofa ◯
das		Ufo ◯
		Uli *(Name)*

Level 3: h, z, „-en“

Bereits bekannt

Vorstufe: Vokale und Diphthonge **a**, **e**, **i**, **ie**, **o**, **u**, **au**, **ei**
Level 1: **m**, **r**, **s**
Level 2: **n**, **f**, **l**

Neu eingeführt

h	für /h/ wie in *Hase, Zu**h**ause*
z	für /ʦ/ wie in ***Z**iel, hei**z**en, Rei**z***
„-en“	für /ən/ oder /n̩/ wie in *les**en***

Hinweise

h ist als Basisgraphem vor allem am Anfang des Wortes, selten am Anfang einer Silbe zu finden, jedoch nicht am Ende des Wortes/Morphems. Achtung: Das sogenannte silbentrennende **h** gibt es streng genommen nicht, weil in der Standardlautung das **h** nicht artikuliert wird. Man sagt beispielsweise /ˈzeːən/ für *sehen*, nicht etwa /ˈzeːhən/*.
Aus diesem Grund gehören Wörter wie *sehen, ehe, wehen, roh* in den orthografischen Bereich (Level 20).

Die Endung **-en** ist ein kleiner morphematischer „Meilenstein“. Auf Level 1 und 2 wurden Verben nur in der 1. Person eingeführt. Mit der Endung „**-en**“ können nun auch die Infinitive gelesen und geschrieben werden. Aber auch andere Wortarten haben „**-en**“ als Flexionsendung, z. B. Adjektive wie *leisen*.

Neue Wörter

		einen
das		Eisen ◯
		faulen
die		Ferien ◯
der	▶	Hafen ◯
der	▶	Hase ◯
		hauen
der	▶	Haufen ◯
das	▶	Haus ◯
		hausen
die		Hefe ◯
		heil ⊕
		heilen
das		Heim ◯
		Hein *(Name)*
	▶	heizen
	▶	her
		herauf
		heraus
		herein
		herum
	▶	hier
	▶	hin
		hinauf
		hinaus
der		Hof ◯
	▶	holen
die	▶	Hose ◯
der		Huf ◯
die		Husaren ◯ – *Plural*
	▶	laufen
	▶	lesen
		losen
	▶	malen
		meinen
		miauen
der		Ofen ◯
das		Omen ◯
		rasen
der	▶	Rasen ◯
		raufen
		raunen
der		Reifen ◯
		reimen
	▶	reisen
der		Reiz ◯
		reizen
	▶	rufen
der		Samen ◯
		saufen
		sausen
der		Uhu ◯
der		Zaum ◯
der		Zaun ◯
die	▶	Zeile ◯
das	▶	Ziel ◯
	▶	zielen
	▶	zu
das		Zuhause ◯
	▶	zum
	▶	zur

Level 4: w, ch (nicht am Wortanfang), „-er“

Bereits bekannt

Vorstufe: Vokale und Diphthonge **a**, **e**, **i**, **ie**, **o**, **u**, **au**, **ei**
Level 1: **m**, **r**, **s**
Level 2: **n**, **f**, **l**
Level 3: **h**, **z**, **„-en“**

Neu eingeführt

w	für /v/ wie in ***W**al*
ch	für /ç/ wie in *i**ch**, Ei**ch**e,*
	für /χ/ wie in *Rau**ch**, la**ch**en*
„-er“	für /ɐ/ wie in *ein**er**, reich**er**, Haf**er***

Hinweise

ch am Wort-/Morphemanfang kommt nicht lautgetreu, sondern nur bei Fremdwörtern vor, d. h. als Orthographem. Das Basisgraphem steht im Auslaut des Wortes oder es kann im Wortinneren lautgetreu am Silbenanfang stehen, z. B. in *la**ch**en* oder *He**ch**elei.*
Die Endung „**-er**“ ist sowohl als Flexionsendung für Substantive und Adjektive als auch für den Komparativ relevant. Beispiele sind *Mal**er**, heis**er*** und *fein**er**.*
Vorsicht: Hierzu gehören noch keine Komparative mit Änderung des Stammvokals wie *größ**er*** und mit Doppelkonsonanten wie *dünn**er**!*

Neue Wörter

	►	auch
das		Echo ○
die		Eiche ○
der		Eimer ○
	►	einer
das		Fach ○
die		Faser ○
		fauchen
die		Feier ○
der		Hafer ○
der		Hauch
		hauchen
		Heiner *(Name)*
		heiser ⊕
der		Heizer
	►	hoch ⊕
	►	ich
	►	lachen
der		Lauch ○
die		Lauer ○
die		Leiche ○
das	►	Loch ○
	►	machen
die		Mauer ○
der		Maurer ○
die		Mauser ○
	►	mich
	►	nach
	►	noch
die		Rache ○
der		Rachen ○
der		Rauch ○
		rauchen
	►	reich ⊕
	►	riechen
die	►	Sache ○
		sauer ⊕
	►	sich
		sicher ⊕
	►	suchen
das		Ufer ○
		wach ⊕
	►	wachen
der		Wal ○
		war – *sein*
die		Ware ○
		waren – *sein*
	►	warum
	►	was
		weich ⊕
		weichen
	►	weil
die		Weile ○
der		Wein ○
	►	weinen
		weise ⊕
der		Weizen ○
	►	wem
	►	wen
	►	weniger
	►	wer
	►	wie
die	►	Wiese ○
		wieso

	▶ wir		wozu
	wo	der	Wucher ◯
die	▶ Woche ◯	die	Zeche ◯
	wohin	das	▶ Zeichen ◯

Level 5: p, t, k

Bereits bekannt

Vorstufe: Vokale und Diphthonge **a**, **e**, **i**, **ie**, **o**, **u**, **au**, **ei**
Level 1: **m**, **r**, **s**
Level 2: **n**, **f**, **l**
Level 3: **h**, **z**, **„-en"**
Level 4: **w**, **ch** (nicht am Wortanfang), **„-er"**

Neu eingeführt

p	für /p/ wie in ***Pause, Papa***
t	für /t/ wie in *Taucher, reiten, Tat*
k	für /k/ wie in *Kater, Rakete, Panik*

Hinweise

–

Neue Wörter

		Amerika ○
der		Atem ○
das	►	Auto ○
der		Automat ○
das		Foto ○
der		Haken ○
	►	hat – *haben*
die	►	Haut ○
die		Heimat ○
		heiter ⊕
die		Hupe ○
		hupen
der		Hut ○
		kam – *kommen*
das		Kamel ○
die		Kamera ○
der		Kanal ○
der		Kanon ○
die		Kanone ○
das		Kanu ○
der	►	Kater ○
		kauen
	►	kaufen
		kaum
der		Keil ○
der		Keiler ○

der Keim ◯
keimen ⚲
► kein
► keine
die ► Kiefer ◯
der Kiesel ◯
der ► Koch ◯
kochen ⚲
die Kopie ◯
kopieren ⚲
der Koran ◯
der Kuchen ◯
der Kuli ◯
das Laken ◯
► laut ⊕
lauter ⊕ – *laut*
leiten ⚲
die Leiter ◯
der Leiter ◯
die Leiterin ◯
der Meter ◯
die ► Miete ◯
die ► Minute ◯
► mit
der ► Monat ◯
der Mut ◯
die ► Natur ◯
die Not ◯
die ► Note ◯
notieren ⚲
der ► Opa ◯
das ► Paket ◯
die Panik ◯
der ► Papa ◯
die Pauke ◯

die Pause ◯
das Pech ◯
der Pelikan ◯
der Pilot ◯
die Pilotin ◯
der Pirat ◯
die Piratin ◯
der Po ◯
der Pokal ◯
der Pol ◯
der Pole ◯
Polen ◯
die Polin ◯
die Polizei ◯
die Pore ◯
die Pute ◯
die Rakete ◯
der Rat ◯
► raten ⚲
die ► Raupe ◯
► reiten ⚲
der Reiter ◯
reparieren ⚲
► rot ⊕
die Rute ◯
der Salat ◯
► seit
die ► Seite ◯
super ⊕ *(nicht steigerbar)*
das Tal ◯
der Taler ◯
die Tapete ◯
tat ⚲ – *tun*
die Tat ◯

der Tau ◯
tauchen
der Taucher ◯
die Taufe ◯
taufen
der Teich ◯
das Teil ◯
der Teil ◯
teilen
das ▶ Telefon ◯
▶ tief ⊕
die ▶ Tiefe ◯
das ▶ Tier ◯
das Tofu ◯
das Tohuwabohu ◯
die ▶ Tomate ◯
der Ton ◯

der Toner ◯
das Tor ◯
tot ⊕ *(nicht steigerbar)*
der Tote ◯
die Tote ◯
das Tuch ◯
der Tukan ◯
▶ tun
tuten
waten
▶ weit ⊕
die Weite ◯
▶ weiter
die Wut ◯
die ▶ Zeit ◯

Level 6: b, g, „-el"

Bereits bekannt

Vorstufe: Vokale und Diphthonge **a**, **e**, **i**, **ie**, **o**, **u**, **au**, **ei**
Level 1: **m**, **r**, **s**
Level 2: **n**, **f**, **l**
Level 3: **h**, **z**, **„-en"**
Level 4: **w**, **ch** (nicht am Wortanfang), **„-er"**
Level 5: **p**, **t**, **k**

Neu eingeführt

b für /b/ wie in *Baum, le**b**en*
g für /g/ wie in ***G**ei**g**e, **g**eben*
„-el" für /əl̩/ wie in *Gab**el***

Hinweise

Als Basisgrapheme stehen **b** und **g** für stimmhafte Phoneme. Daher tauchen hier keine Wörter mit **b** oder **p** im Auslaut bzw. am Ende des Morphems auf, denn **b** wird im Auslaut verhärtet artikuliert und klingt dann /p/, z.B. in *ga**b***. **g** wird entweder ebenfalls verhärtet artikuliert und klingt /k/ wie in *Ta**g*** oder es wird velarisiert und klingt /ç/ wie in *launi**g***.

Neue Wörter

► aber
das ► Auge ◯
der Bach ◯
die Banane ◯
der Bau ◯
der ► Bauch ◯
► bauen ⚲
der Bauer ◯
der ► Baum ◯
baute ⚲ – *bauen*
der Becher ◯
► bei
das Beil ◯
beim
das ► Bein ◯
bekam ⚲ – *bekommen*
beraten ⚲
der Berater ◯
der Bereich ◯
► bereit ⊕ *(nicht steigerbar)*
der ► Beruf ◯
der Besuch ◯
besuchen ⚲
beten ⚲
betonen ⚲
► bewegen ⚲
der Beweis ◯
beweisen ⚲
die ► Biene ◯
bieten ⚲
► bin ⚲ – *sein*
► bis
der Bogen ◯
der Bote ◯
der Bube ◯
das ► Buch ◯
die Buche ◯
buchen ⚲
der Bus ◯
eben
egal
die Eichel ◯
eisige ⊕ – *eisig*
der Ekel ◯
der ► Esel ◯
die Fabel ◯
faulige ⊕ – *faulig*
fegen ⚲
feige ⊕
die Feige ◯
das Fieber ◯
die Figur ◯
die Fuge ◯
die Gabe ◯
die ► Gabel ◯
gar ⊕ *(nicht steigerbar)*
garen ⚲
das Gas ◯
die Gaube ◯
der Gaul ◯
der Gaumen ◯
der Gauner ◯
► geben ⚲

das Gebiet ○
▶ gegen
das Gehege ○
▶ geheim ⊕ *(nicht steigerbar)*
der Geier ○
die Geige ○
der Geiz ○
geizige ⊕ – *geizig*
gelogen ⚲ – *lügen*
gemein ⊕
▶ genau ⊕
der ▶ Geruch ○
die Gezeiten ○ *(nur Plural)*
gezogen ⚲ – *ziehen*
▶ gut ⊕
habe ⚲ – *haben*
▶ haben ⚲
der Hagel ○
▶ heben ⚲
hegen ⚲
heilige ⊕ – *heilig*
der Hobel ○
das Hotel ○
der Kegel ○
der Kobel ○
die Kugel ○
das Lager ○
die Laube ○
die Lauge ○
lausige ⊕ – *lausig*
▶ leben ⚲
das Leben ○
die Leber ○
▶ legen ⚲
die Liebe ○
▶ lieben ⚲
lieber ⊕ – *lieb*
die Liege ○
▶ liegen ⚲
loben ⚲
logen ⚲ – *lügen*
der Magen ○
mager ⊕
Michel *(Name)*
das Monokel ○
die Mosel *(Name)*
mutige ⊕ – *mutig*
der Nabel ○
der Nagel ○
der ▶ Nebel ○
▶ neben
nobel ⊕
▶ oben
der Ober ○
das Orakel ○
der Papagei ○
der Pudel ○
der ▶ Rabe ○
ragen ⚲
rauben ⚲
die Rebe ○
das Regal ○
die Regel ○
der ▶ Regen ○
reiben ⚲
der Reigen ○
die Robe ○
rosige ⊕ – *rosig*

der Rubel ○
► sagen ⚲
sauber ⊕
saugen ⚲
das ► Segel ○
der Segen ○
die Sichel ○
► sieben
► sieben ⚲
siegen ⚲
die Tafel ○
die Taube ○
taugen ⚲
die Teige ○ – *Teig*
toben ⚲

die Tuba ○
die Tube ○
die Wabe ○
wagen ⚲
der ► Wagen ○
weben ⚲
wegen
► wiegen ⚲
das Wiesel ○
► zeigen ⚲
die Zeisige ○ – *Zeisig*
die ► Ziege ○
der Ziegel ○
zogen ⚲ – *ziehen*

Level 7: sch, d, eu

Bereits bekannt

Vorstufe: Vokale und Diphthonge **a**, **e**, **i**, **ie**, **o**, **u**, **au**, **ei**

Level 1: **m**, **r**, **s**

Level 2: **n**, **f**, **l**

Level 3: **h**, **z**, **„-en"**

Level 4: **w**, **ch** (nicht am Wortanfang), **„-er"**

Level 5: **p**, **t**, **k**

Level 6: **b**, **g**, **„-el"**

Neu eingeführt

sch für /ʃ/ wie in *Sch*aukel, *lauschen*, *Fisch*

d für /d/ wie in *Dach*, *Nudel*

eu für /ɔɪ̯/ wie in *Euro*, *neun*, *scheu*

Hinweise

Für **d** als Basisgraphem gilt dasselbe wie für das **g** bei Level 6. Hierher gehören nur Wörter mit stimmhaft artikuliertem /d/. Wörter mit **d** am Wort-/Morphemende gehören nicht auf dieses Level, weil für sie die Auslautverhärtung greift und man statt /d/ ein /t/ hört wie in *seid*.

Neue Wörter

der		Adel ◯
		adelige ⊕ – *adelig*
die		Ader ◯
		amerikanisch ⊕
die		Asche ◯
	►	baden ⚲
		bedeuten ⚲
		beide
		beladen ⚲
		beleidigen ⚲
		beneiden ⚲
		bereuen ⚲
die		Beule ◯
die		Beute ◯
der	►	Boden ◯
der	►	Busch ◯
	►	da
		dabei
das		Dach ◯
		daher
		dahin
die		Dame ◯
		damit
	►	danach
		daran
		darauf
		darum
	►	das
die		Datei ◯
das		Datum ◯
die		Dauer ◯
der		Daumen ◯
die		Daune ◯
		dazu
der		Degen ◯
	►	dein
	►	deine
	►	deiner
	►	dem
	►	den
	►	der
	►	des
		deuten ⚲
	►	dich
	►	die
		dienen ⚲
	►	dies
	►	diese
	►	dieser
		dieses
	►	doch
die	►	Dose ◯
	►	du
		edel ⊕
	►	euch
	►	euer
die	►	Eule ◯
		eure
der	►	Euro ◯
		Europa ◯
		fade ⊕
der		Faden ◯
die	►	Feder ◯
das	►	Feuer ◯
der	►	Fisch ◯
		fischen ⚲

das Fuder ◯
geheuer ⊕
▶ gerade
▶ gerade ⊕ *(nicht steigerbar)*
geschieden ⚲ – *scheiden*
geschoben ⚲ – *schieben*
die ▶ Heide ◯
Heidi *(Name)*
das Heu ◯
die Heuer ◯
heulen ⚲
der Heuler ◯
▶ heute
huschen ⚲
die Keule ◯
komisch ⊕
laden ⚲
die Lasche ◯
launisch ⊕
lauschen ⚲
das Leder ◯
▶ leiden ⚲
leider
die ▶ Leute ◯
die Made ◯
die Marinade ◯
die Masche ◯
die Melodie ◯
das Mikado ◯
mischen ⚲
die Mode ◯
die Muschel ◯

die ▶ Nadel ◯
naschen ⚲
neidisch ⊕
▶ neu ⊕
▶ neun
die Nische ◯
der Nomade ◯
die ▶ Nudel ◯
▶ oder
die Panade ◯
die Parade ◯
das Paradies ◯
das Pedal ◯
das Puder ◯
das ▶ Radio ◯
der Radius ◯
der Ramadan ◯
rauschen ⚲
die Rede ◯
▶ reden ⚲
die Reue ◯
roden ⚲
das Ruder ◯
die Schabe ◯
schaben ⚲
das Schach ◯
schade
schaden ⚲
der Schaden ◯
das ▶ Schaf ◯
der Schal ◯
die Schale ◯
▶ schauen ⚲
der Schauer ◯
die Schaufel ◯

die		Schaukel ◯
der		Schaum ◯
die		Scheibe ◯
der		Scheich ◯
die		Scheide ◯
	►	scheiden ⚲
der		Schein ◯
	►	scheinen ⚲
der		Scheitel ◯
die	►	Schere ◯
		scheu ⊕
		scheuchen ⚲
die		Scheune ◯
das		Scheusal ◯
	►	schieben ⚲
	►	schief ⊕
die		Schiene ◯
		schoben ⚲ – *schieben*
die		Schokolade ◯
	►	schon
		schonen ⚲
die		Schote ◯
die	►	Schule ◯
die		Seide ◯
		seiden ⊕
die		Seuche ◯
der		Tadel ◯
die	►	Tasche ◯
		tauschen ⚲
		teuer ⊕
der		Teufel ◯
der	►	Tisch ◯
der		Tusch ◯
die		Tusche ◯
die		Wade ◯
	►	waschen ⚲
		weder
die		Weide ◯
	►	wieder
		wischen ⚲
die		Zeder ◯
		zischen ⚲

Level 8: ä, ö, ü

Bereits bekannt

Vorstufe: Vokale und Diphthonge **a, e, i, ie, o, u, au, ei**
Level 1: **m, r, s**
Level 2: **n, f, l**
Level 3: **h, z, „-en"**
Level 4: **w, ch** (nicht am Wortanfang), **„-er"**
Level 5: **p, t, k**
Level 6: **b, g, „-el"**
Level 7: **sch, d, eu**

Neu eingeführt

ä	für /ɛː/ wie in *K**ä**fer*
ö	für /øː/ wie in ***Ö**l, b**ö**se,*
	für /ø/ wie in ***ö**fter, K**ö**chin*
ü	für /yː/ wie in ***ü**ben, Z**ü**ge,*
	für /ʏ/ wie in *K**ü**che*

Hinweise

Während **ä** das Basisgraphem für /ɛː/ ist, ist es ein Orthographem, wenn man es aus **a**-Schreibungen ableiten kann, wie *käme* von *kam* (Level 18), oder wenn es für ein kurzes /ɛ/ steht wie in *lächeln* oder *Fächer* (wenn ableitbar Level 18, sonst Level 23).

Neue Wörter

der		Bär ◯
		behüten ✎
die		Bögen ◯ – *Bogen*
	▶	böse ⊕
		böser ⊕ – *böse*
die		Bücher ◯ – *Buch*
die		Bücherei ◯
der		Bügel ◯
das		Büro ◯
		dafür
die		Düne ◯
die		Düse ◯
		düsen ✎
	▶	für
	▶	gehören ✎
das	▶	Gemüse ◯
		genügen ✎
das		Gerät ◯
	▶	hören ✎
der		Hörer ◯
der		Hügel ◯
die		Hüte ◯ – *Hut*
		hüten ✎
der	▶	Käfer ◯
der		Käse ◯
die		Köchin ◯
der		Köder ◯
die	▶	Königin ◯
die	▶	Küche ◯
das		Küken ◯
		löschen ✎
		lösen ✎
		löten ✎

der	▶	Löwe ◯
die		Lüge ◯
	▶	lügen ✎
das		Menü ◯
das		Möbel ◯
	▶	mögen ✎
die	▶	Möwe ◯
		müde ⊕
		öde ⊕
das		Öl ◯
die		Öse ◯
		röter ⊕ – *rot*
		rügen ✎
die		Rüsche ◯
		sägen ✎
		schäbige ⊕ – *schäbig*
der		Schädel ◯
	▶	schön ⊕
der		Schüler ◯
die		Schülerin ◯
		schüren ✎
der		Süden ◯
die		Töne ◯ – *Ton*
die		Tücher ◯ – *Tuch*
die	▶	Tür ◯
die		Tüte ◯
		übel ⊕
das		Übel ◯
	▶	üben ✎
	▶	über
die		Züge ◯ – *Zug*
der		Zügel ◯

Level 9: j, ß (am Silbenanfang), v in „ver-" und „vor-"

Bereits bekannt

Vorstufe: Vokale und Diphthonge **a, e, i, ie, o, u, au, ei**

Level 1: **m, r, s**

Level 2: **n, f, l**

Level 3: **h, z, „-en"**

Level 4: **w, ch** (nicht am Wortanfang), **„-er"**

Level 5: **p, t, k**

Level 6: **b, g, „-el"**

Level 7: **sch, d, eu**

Level 8: **ä, ö, ü**

Neu eingeführt

j	für /j/ wie in *jede, Jo-Jo, Boje*
ß	für stimmloses /s/ (am Silbenanfang) wie in *reißen, außer*
v	für /f/ in den Vorsilben *„ver-"* und *„vor-"*

Hinweise

Auf dieses Level gehören die Wörter, in denen das **j** als /j/ zu hören ist, also keine Wörter, die aus dem Englischen stammen. Ab jetzt können Wörter geschrieben werden, die in der Standardlautung mit stimmlosem /s/ am Silbenanfang artikuliert werden, denn diese werden immer mit **ß** verschriftlicht. **ß**-Schreibungen am Wort-/Morphemende dagegen gehören in den orthografischen Bereich und werden erst auf Level 21 eingeführt. **v** ist ein Orthographem, das erst auf Level 23 eingeführt wird. Da aber die Vorsilben „ver-" und „vor-" so häufig und wichtig sind, werden sie an dieser Stelle als Bausteine eingeführt. Bei der Auswahl wurde bisher darauf geachtet, dass innerhalb der einzelnen Morpheme keine Konsonantenverbindung vorkommt. Durch die Zusammensetzung des Präfixes mit dem Grundmorphem ergeben sich hier allerdings schon Konsonantenverbindungen wie in *verlaufen*. Mit sehr schwachen Rechtschreibern sollten Sie diese Wörter auslassen und ab Level 13 zu üben beginnen. Die ebenfalls bedeutsamen Präpositionen *vom* und *von* werden entsprechend häufig als Ganzwörter eingeführt. Alle anderen **v**-Schreibungen werden erst auf Level 23 behandelt.

Neue Wörter

		aßen ⚲ – *essen*
	►	außen
	►	außer
		beißen ⚲
die		Boje ○
die		Buße ○
		büßen ⚲
die		Füße ○ – *Fuß*
		heiße ⊕ – *heiß*
	►	heißen ⚲
		heißer ⊕ – *heiß*
	►	ja
die		Jade ○
		jagen ⚲
der		Jäger ○
der		Jaguar ○
der	►	Januar ○
		jaulen ⚲
	►	jede
	►	jeder
		jedoch
das		Jo-Jo ○
der		Jubel ○
das		Judo ○
der	►	Juli ○
der	►	Juni ○
die		Jute ○
der		Juwel ○
die		Kajüte ○
die		Koje ○
der		Kojote ○
der		Major ○
der		Majoran ○
die		Maße ○ – *Maß*
		maßen ⚲ – *messen*
der		Meißel ○
die		Muße ○
	►	reißen ⚲
das		Soja ○
die		Soße ○
		süße ⊕ – *süß*
		süßen ⚲
		süßer ⊕ – *süß*
das		Verbot ○
		verboten ⊕ *(nicht steigerbar)*
		verdauen ⚲
der	►	Verein ○

► vereinen ⚲
vereisen ⚲
vergaßen ⚲ – *vergessen*
verhauen ⚲
verheben ⚲
verheilen ⚲
verhören ⚲
verhüten ⚲
verjagen ⚲
verkaufen ⚲
verkeilen ⚲
der Verlauf ○
verlaufen ⚲
verlegen ⚲
verloren ⚲
verlöten ⚲
vermeiden ⚲
vermuten ⚲
veröden ⚲
der Verrat ○
verraten ⚲
verreiben ⚲
verreisen ⚲
versagen ⚲
der Versager ○
versauen ⚲
verschieben ⚲
verschoben ⚲

► versuchen ⚲
vertagen ⚲
vertauschen ⚲
vertun ⚲
verüben ⚲
verweben ⚲
verwegen ⚲
verwesen ⚲
► voraus
vorbei
vorbereiten ⚲
vorbeugen ⚲
vorheizen ⚲
vorkauen ⚲
vorkochen ⚲
die Vorlage ○
vorlaufen ⚲
vorlaut ⊕
vorleben ⚲
vorlesen ⚲
vorlügen ⚲
vormachen ⚲
vorsagen ⚲
vorsehen ⚲
der Vorteil ○
vorwaschen ⚲
vorweisen ⚲
weißer ⊕ – *weiß*

Level 10: qu, chs, ng

Bereits bekannt

Vorstufe: Vokale und Diphthonge **a**, **e**, **i**, **ie**, **o**, **u**, **au**, **ei**
Level 1: **m**, **r**, **s**
Level 2: **n**, **f**, **l**
Level 3: **h**, **z**, „**-en**“
Level 4: **w**, **ch** (nicht am Wortanfang), „**-er**“
Level 5: **p**, **t**, **k**
Level 6: **b**, **g**, „**-el**“
Level 7: **sch**, **d**, **eu**
Level 8: **ä**, **ö**, **ü**
Level 9: **j**, **ß** (am Silbenanfang); **v** in „**ver-**“ und „**vor-**“

Neu eingeführt

qu für /kv/ wie in ***Qu**al, be**qu**em*
chs für /ks/ wie in *Lu**chs**, We**chs**el*
ng für /ŋ/ wie in *Di**ng**, Que**ng**elei*

Hinweise

Während **qu** nicht im Auslaut auftritt, werden **chs** und **ng** nicht im Anlaut verwendet.
/ks/ ist kein einzelnes Phonem, sondern eine Phonemfolge, für die klassischerweise zunächst das Graphem **x** eingeführt wird. Thomé hat allerdings die Graphemfolge **chs** als vorrangig genutzte Verschriftlichung ermittelt, sodass es einen Status wie ein Basisgraphem erhält und daher auch bereits auf diesem Level und nicht später zusammen mit den anderen Konsonantenverbindungen eingeführt wird. Darüber hinaus verschriftlicht man /ks/ auch mit dem Orthographem **x** wie in *boxen* (Level 23), den Graphemfolgen **ks** wie in *par**ks**t*, **gs** wie in *lü**gs**t* und **cks** wie in *di**cks**ten*, deren Verwendung auf Level 22 systematisiert wird.

Beachten Sie bei **ng** im Wortinneren, dass es zu fehlerträchtiger Überartikulation kommen kann, wenn silbengliedernd gesprochen wird. Dann wird z. B. aus /ˈzɪŋən/ für *singen* → /ˈzɪŋgən/*, was die Kinder zu einer Dopplung verleiten kann. Es gibt aber im Deutschen keine Konsonantendopplungen nach einem anderen Konsonanten und den Grundstein für diese Regel können Sie an dieser Stelle, wenn nötig, legen.

Neue Wörter

die		Achse ○
die		Angel ○
das		Aquarium ○
	►	bequem ⊕
der		Dachs ○
das	►	Ding ○
die		Echse ○
	►	eng ⊕
der		Engel ○
	►	fangen ⚲
		fing ⚲ – *fangen*
der	►	Finger ○
der	►	Fuchs ○
der		Gang ○
		gelingen ⚲
der	►	Gesang ○
		ging ⚲ – *gegangen*
der	►	Hang ○
die	►	Heizung ○
		hing ⚲ – *hängen*
der	►	Hunger ○
		jung ⊕
der	►	Junge ○
		jünger ⊕ – *jung*
der		Lachs ○
	►	lang ⊕
die		Langeweile ○
die		Lösung ○
der		Luchs ○
die		Meinung ○
die		Menge ○
der		Ochse ○
der		Quader ○
	►	quaken ⚲
die	►	Qual ○
		quasi
die		Quengelei ○
		quengelige ⊕ – *quengelig*
		quer
die		Quere ○
		quieken ⚲
der	►	Ring ○
		sang ⚲ – *singen*
	►	singen ⚲
	►	wachsen ⚲
der		Wechsel ○
die		Zange ○
die	►	Zeitung ○
die		Zunge ○

Level 11: Einfache Konsonantenverbindungen am Wortanfang

Bereits bekannt

Vorstufe: Vokale und Diphthonge **a**, **e**, **i**, **ie**, **o**, **u**, **au**, **ei**
Level 1: **m**, **r**, **s**
Level 2: **n**, **f**, **l**
Level 3: **h**, **z**, **„-en"**
Level 4: **w**, **ch** (nicht am Wortanfang), **„-er"**
Level 5: **p**, **t**, **k**
Level 6: **b**, **g**, **„-el"**
Level 7: **sch**, **d**, **eu**
Level 8: **ä**, **ö**, **ü**
Level 9: **j**, **ß** (am Silbenanfang); **v** in **„ver-"** und **„vor-"**
Level 10: **qu**, **chs**, **ng**

Neu eingeführt

bl	wie in *Blüte, blau*
br	wie in *Brause, braun*
dr	wie in *Drachen, drei*
fl	wie in *Flasche, flau*
fr	wie in *Frau, frei*
gl	wie in *Glas, glauben*
gr	wie in *Gras, grau*
kl	wie in *Klage, klar*
kn	wie in *Knete, knoten*
kr	wie in *Kran, krachen*
pl	wie in *Plan, plagen*
pr	wie in *Preis, prüfen*
schl	wie in *Schlange, schlagen*
schm	wie in *schmieren, schmal*
schn	wie in *Schnabel, schniefen*

schr	wie in ***Schr**ei*, ***schr**eiben*
schw	wie in ***Schw**ein*, ***schw**er*
tr	wie in ***Tr**ödel*, ***tr**eiben*
tsch	wie in ***tsch**üs*
zw	wie in ***Zw**iebel*, ***zw**ei*

Hinweise

Es handelt sich hier um die einfacheren Konsonantenverbindungen. Die erfahrungsgemäß schwierigeren (st, sp, pf) werden auf dem folgenden Level eingeführt. Wenn es auch Wörter mit **pn** gibt, z. B. ***Pn**eumatik* oder *A**pn**oe*, sind dies Fremdwörter, die im Grundwortschatz keine Rolle spielen bzw. als Fremdwörter erst auf Level 23 thematisiert werden.

Neue Wörter

die		Blase ○
		blasen ⚲
	►	blau ⊕
		blauer ⊕ – *blau*
	►	bleiben ⚲
die	►	Blume ○
die		Bluse ○
das		Blut ○
die	►	Blüte ○
		braten ⚲
der		Braten ○
	►	brauchen ⚲
	►	braun ⊕
die		Brause ○
		brausen ⚲
	►	brechen ⚲
der		Brei ○
	►	breit ⊕
die		Brezel ○
der	►	Brief ○
	►	bringen ⚲
das	►	Brot ○
der		Bruch ○
der	►	Bruder ○
der		Drache ○
der		Drachen ○
	►	draußen
	►	drei
das		Dromedar ○
		drüben
		drüber
		flach ⊕
die	►	Flasche ○
die	►	Fliege ○
	►	fliegen ⚲
	►	fließen ⚲

die		Flöte	◯
der	►	Flügel	◯
die	►	Flut	◯
die		Frage	◯
	►	fragen	⚲
die	►	Frau	◯
		frech	⊕
		frei	⊕
die	►	Freude	◯
	►	freuen	⚲
der		Friede	◯
der	►	Frieden	◯
	►	frieren	⚲
	►	frisch	⊕
der		Frosch	◯
das		Glas	◯
		glauben	⚲
	►	gleich	
	►	graben	⚲
der		Graben	◯
das	►	Gras	◯
		gratulieren	⚲
		grau	⊕
das		Grauen	◯
	►	greifen	⚲
die		Größe	◯
die		Grube	◯
	►	grün	⊕
	►	grüßen	⚲
der		Klang	◯
	►	klar	⊕
		kleben	⚲
der		Kleber	◯
		kleiden	⚲
	►	klein	⊕
die		Klinge	◯
die		Klingel	◯
das		Klo	◯
die		Knete	◯
		kneten	⚲
das		Knie	◯
der		Knochen	◯
der		Knödel	◯
		knoten	⚲
der		Knoten	◯
		krachen	⚲
der		Kran	◯
		kraulen	⚲
das	►	Kraut	◯
die		Kreide	◯
der		Kreis	◯
das	►	Kreuz	◯
die		Kreuzung	◯
	►	kriechen	⚲
	►	kriegen	⚲
die		Krone	◯
die		Kröte	◯
der		Krümel	◯
das		Plakat	◯
der		Plan	◯
die		Plane	◯
		planen	⚲
der		Planet	◯
der		Plural	◯
der		Preis	◯
		pro	
die		Probe	◯
		proben	⚲
		probieren	⚲
der		Profi	◯

das Pronomen ○
prüfen ⚲
die Prüfung ○
► schlafen ⚲
► schlagen ⚲
die Schlange ○
der Schlauch ○
► schleichen ⚲
die Schleife ○
die Schleuder ○
die Schleuse ○
schlief ⚲ – *schlafen*
► schließen ⚲
die Schlinge ○
schlingen ⚲
schmal ⊕
schmieren ⚲
der Schnabel ○
schnauben ⚲
die Schnauze ○
► schneiden ⚲
schneien ⚲
► schreiben ⚲
► schreien ⚲
schwach ⊕
der Schwan ○
schwanger ⊕ *(nicht steigerbar)*

schweben ⚲
Schweden ○
► schweigen ⚲
das Schwein ○
die Schweiz ○
► schwer ⊕
schwingen ⚲
schwören ⚲
► tragen ⚲
die ► Träne ○
die Traube ○
trauen ⚲
der ► Traum ○
► treiben ⚲
► treten ⚲
► treu ⊕
der Trödel ○
die Tropen ○
tropisch ⊕ *(nicht steigerbar)*
tschüs
zwar
► zwei
der Zweifel ○
die ► Zwiebel ○
zwingen ⚲
zwischen

Level 12: Schwierige Konsonantenverbindungen am Wortanfang: st, sp, pf

Bereits bekannt

Vorstufe: Vokale und Diphthonge **a, e, i, ie, o, u, au, ei**
Level 1: **m, r, s**
Level 2: **n, f, l**
Level 3: **h, z, „-en"**
Level 4: **w, ch** (nicht am Wortanfang), **„-er"**
Level 5: **p, t, k**
Level 6: **b, g, „-el"**
Level 7: **sch, d, eu**
Level 8: **ä, ö, ü**
Level 9: **j, ß** (am Silbenanfang); **v** in **„ver-"** und **„vor-"**
Level 10: **qu, chs, ng**
Level 11: Einfache Konsonantenverbindungen am Wortanfang

Neu eingeführt

st für /ʃt/ wie in ***St**ein, **st**oßen*
sp für /ʃp/ wie in ***Sp**aten, **sp**ielen*
pf für /pf/ wie in ***Pf**au, **pf**eifen*

Hinweise

Diese drei Konsonantenverbindungen bergen erfahrungsgemäß die meisten Schwierigkeiten für Lernende, daher werden sie separat und nicht schon auf Level 11 eingeführt.
Es können noch weitere Konsonanten direkt folgen, z. B. ein **r** wie in ***Str**afe*.

Möglicherweise wundern Sie sich, warum das **st** für /ʃt/ und das **sp** für /ʃp/ schon hier eingeführt werden. Unser Argument für diese erste „Stippvisite" in den nicht lautgetreuen Bereich ist das Folgende: Auch wenn das Basisgraphem für /ʃ/ das **sch** ist, schreibt man, wenn dem Phonem am Wort- oder Morphemanfang direkt ein /t/ oder /p/ folgt, immer **st** bzw. **sp**. Für diese beiden Phonemfolgen am Wort- oder Morphemanfang handelt es sich damit quasi um eine lautgetreue Graphemfolge.
Vom Lesen zum Sprechen her betrachtet, spricht man **st** und **sp** am Wort-/Morphemanfang anders aus (siehe oben) als im Inneren oder am Ende eines Wortes/Morphems, wo es /st/ bzw. /sp/ klingt (vgl. Level 13 und Level 14).
Beachten Sie dabei unbedingt: Bei Wörtern mit Präfix kann das zunächst zu Verwirrung führen, wenn z. B. das Grundmorphem mit **st** beginnt wie in *ver**st**ecken*. Dann ist das Phonem zwar im Wortinneren, aber am Morphemanfang und man hört entsprechend /ʃt/. Mit sehr schwachen Rechtschreibern sollten Sie solche Wörter zunächst auslassen und erst im orthografischen Bereich, speziell auf Level 22, zu üben beginnen, wenn die Wortbausteine systematisch untersucht und berücksichtigt werden. Das betrifft hier im Wörterbuch lediglich die Wörter *ver**sp**äten* (Level 13), *ver**st**ecken* (Level 16) und *be**st**ehen* (Level 20).

Neue Wörter

der		Pfau ○
die		Pfeife ○
	▶	pfeifen ⚲
der		Pfeil ○
die		Pflege ○
	▶	pflegen ⚲
der		Pfleger ○
die		Pflegerin ○
		pflügen ⚲
die		Pfote ○
	▶	sparen ⚲
	▶	spät ⊕
der		Spaten ○
	▶	spazieren ⚲
der		Speicher ○
der	▶	Spiegel ○
	▶	spielen ⚲
der		Spion ○
		sprach ⚲ – *sprechen*
die		Sprache ○
		sprang ⚲ – *springen*
	▶	sprechen ⚲
	▶	springen ⚲
der		Spruch ○
		spülen ⚲
		spüren ⚲
der		Stachel ○
die		Stange ○
der		Stapel ○
		staunen ⚲
		stechen ⚲
	▶	steigen ⚲
		steil ⊕
der	▶	Stein ○
der		Stich ○
der		Stiefel ○
der	▶	Stiel ○
		stören ⚲
	▶	stoßen ⚲
die		Strafe ○
		strafen ⚲
die	▶	Straße ○
der	▶	Strauch ○
der		Streich ○
		streichen ⚲
der		Streifen ○
der	▶	Streit ○
	▶	streiten ⚲
		streng ⊕
		streuen ⚲
der	▶	Strom ○
	▶	strömen ⚲
		studieren ⚲
		stur ⊕

Level 13: Konsonantenverbindungen im Wortinneren

Bereits bekannt

Vorstufe: Vokale und Diphthonge **a, e, i, ie, o, u, au, ei**
Level 1: **m, r, s**
Level 2: **n, f, l**
Level 3: **h, z, „-en"**
Level 4: **w, ch** (nicht am Wortanfang), **„-er"**
Level 5: **p, t, k**
Level 6: **b, g, „-el"**
Level 7: **sch, d, eu**
Level 8: **ä, ö, ü**
Level 9: **j, ß** (am Silbenanfang); **v** in **„ver-"** und **„vor-"**
Level 10: **qu, chs, ng**
Level 11: Einfache Konsonantenverbindungen am Wortanfang
Level 12: Schwierige Konsonantenverbindungen am Wortanfang: **st, sp, pf**

Neu eingeführt

(lautgetreue) Konsonantenverbindungen im Wortinneren

Nicht: Wörter mit Velarisierung oder Auslautverhärtung am Morphemende im Wortinneren wie **gst** für /çst/ wie in *lustigste* oder **ndl** für /ntl/ wie in *ländlich*

Hinweise

Da Doppelkonsonanten in der Standardlautung nicht artikuliert werden, gehören sie in den orthografischen Bereich (Level 15 und Level 16).

Neue Wörter

		Afrika ◯
	►	also
die	►	Ampel ◯
die		Amsel ◯
	►	andere
		aneinander
		anfangen ♀
der	►	Angler ◯
der		Anspitzer ◯
		anstrengen ♀
	►	antworten ♀
der	►	Apfel ◯
der	►	April ◯
	►	arbeiten ♀
		atemlos ⊕ *(nicht steigerbar)*
der		Atlas ◯
		atmen ♀
die	►	Aufgabe ◯
		aufmerksam ⊕
	►	aufwachen ♀
		auseinander
		ausrechnen ♀
		außerdem
die		Bande ◯
		begrüßen ♀
		behalten ♀
		behaupten ♀
die		Behinderung ◯
das	►	Beispiel ◯
		Belgien ◯
	►	beobachten ♀
		berechnen ♀
		beschreiben ♀
		besorgen ♀
	►	binden ♀
die		Birke ◯
die	►	Birne ◯
am		blauesten ⊕ – *blau*
der	►	Blinde ◯
die	►	Blinde ◯
am		bösesten ⊕ – *böse*
		brachte ♀ – *bringen*
		brauchte ♀ – *brauchen*
		bremsen ♀
das	►	Brötchen ◯
der		Buchstabe ◯
der	►	Bürger ◯
der		Bürgermeister ◯
die		Bürgermeisterin ◯
die		Bürste ◯
		dachte ♀ – *denken*
		dampfen ♀
	►	danken ♀
	►	denken ♀
	►	deutlich ⊕
der	►	Dezember ◯
		dichten ♀
der		Dichter ◯
die		Dichterin ◯
		diktieren ♀
	►	dunkel ⊕
	►	dürfen ♀
das		Eichhörnchen ◯
		einkaufen ♀

► einmal
► empfangen ⚲
► empfinden ⚲
das ► Ende ○
die Energie ○
englisch ⊕ *(nicht steigerbar)*
der Enkel ○
die Enkelin ○
die ► Ente ○
das Erbe ○
die ► Erde ○
erfinden ⚲
► erlauben ⚲
► erleben ⚲
► erlernen ⚲
die Ernte ○
ernten ⚲
erste
► erwarten ⚲
die ► Erwartung ○
etwa
► etwas
die Farbe ○
der ► Februar ○
das ► Fenster ○
die Fichte ○
► finden ⚲
flüchten ⚲
folgen ⚲
fotografieren ⚲
Frankreich ○
der ► Fremde ○
die ► Fremde ○
die ► Freundin ○

der ► Garten ○
der Gedanke ○
gegeneinander
► gelten ⚲
die ► Gemeinde ○
gemeinsam ⊕ *(nicht steigerbar)*
gerne
die Gerste ○
die ► Geschichte ○
die Geschwister ○
der Gipfel ○
golden ⊕ *(nicht steigerbar)*
die Gurke ○
der Gürtel ○
► halten ⚲
der Hamster ○
heimlich ⊕
die ► Heldin ○
► helfen ⚲
die Herde ○
herunter
die ► Hilfe ○
► hinter
hinunter
holte ⚲ – *holen*
hörte ⚲ – *hören*
hüpfen ⚲
der Husten ○
► impfen ⚲
die ► Impfung ○
► informieren ⚲
die Insel ○
am jüngsten ⊕ – *jung*

der	► Kalender ○
die	► Kälte ○
der	Kasten ○
	kaufte ⚲ – *kaufen*
die	Kerze ○
die	Kirche ○
die	Kirsche ○
die	► Kiste ○
	klatschen ⚲
	klopfen ⚲
die	Knospe ○
der	Kolben ○
der	Kolibri ○
	kombinieren ⚲
der	Korken ○
der	► Körper ○
	kosten ⚲
der	Kunde ○
die	Kundin ○
	kürzer ⊕ – *kurz*
am	kürzesten ⊕ – *kurz*
die	Küste ○
die	Kutsche ○
	lachte ⚲ – *lachen*
	langsam ⊕
	langsamer ⊕ – *langsam*
am	langsamsten ⊕ – *langsam*
die	Laterne ○
am	lautesten ⊕ – *laut*
	lenken ⚲
	► lernen ⚲
	► leuchten ⚲
die	Linde ○
die	Liste ○
	lüften ⚲
	machte ⚲ – *machen*
der	► Magnet ○
der	► Mantel ○
das	► Märchen ○
die	Marke ○
	markieren ⚲
die	Marmelade ○
der	Matrose ○
	melden ⚲
	► merken ⚲
	miteinander
das	Monster ○
	► morgen
der	► Morgen ○
	multiplizieren ⚲
	munter ⊕
die	Münze ○
die	Murmel ○
der	Muskel ○
das	Muster ○
	nämlich
	► natürlich ⊕
die	Nelke ○
die	Neugierde ○
der	Norden ○
	normal ⊕
der	► Oktober ○
der	► Onkel ○
das	Opfer ○
	optimal ⊕ *(nicht steigerbar)*
der	Orden ○

der Osten ○
die Palme ○
der Panzer ○
parken ⚲
der ► Partner ○
die Partnerin ○
der Pfirsich ○
die ► Pflanze ○
► pflanzen ⚲
das Pflaster ○
die Pforte ○
der ► Pinsel ○
das Plastik ○
die Polizistin ○
das Polster ○
das Problem ○
pumpen ⚲
pünktlich ⊕
die Pünktlichkeit ○
pusten ⚲
das ► Quadrat ○
qualmen ⚲
quatschen ⚲
quetschen ⚲
quietschen ⚲
das Radieschen ○
die Rampe ○
► rechnen ⚲
rechte ⊕ *(nicht steigerbar)*
die Richtung ○
die Rinde ○
rosten ⚲
rösten ⚲
am rötesten ⊕ – *rot*

runter
rutschen ⚲
der Salto ○
die Schachtel ○
► schalten ⚲
der ► Schalter ○
► schenken ⚲
die Scherbe ○
scherzen ⚲
► schimpfen ⚲
schlüpfen ⚲
der Schnorchel ○
der Schnupfen ○
schöpfen ⚲
die Schranke ○
die Schulter ○
die ► Schwester ○
der Schwindel ○
schwindelfrei ⊕ *(nicht steigerbar)*
die ► Sekunde ○
selber
selten ⊕
senden ⚲
die Sendung ○
der ► September ○
die Silbe ○
das Silber ○
sinken ⚲
die Sorge ○
sorgen ⚲
die ► Spalte ○
stampfen ⚲
starten ⚲
der Stempel ○

► sterben ⚲
die ► Stunde ○
stürmen ⚲
► stürmisch ⊕
► tanken ⚲
die ► Tante ○
tanzen ⚲
tapfer ⊕
die ► Taste ○
die ► Technik ○
die ► Temperatur ○
die Tinte ○
die ► Tochter ○
die Torte ○
transportieren ⚲
► trinken ⚲
die Trompete ○
tropfen ⚲
der Tropfen ○
die Tulpe ○
die Türkei ○
► turnen ⚲
überqueren ⚲
der Umlaut ○
umso
► unaufmerksam ⊕
► unser
► unsere
► unten
► unter
untereinander
der Verbrauch ○
► verbrauchen ⚲
der Verbrecher ○
verfolgen ⚲
vergleichen ⚲
verkleiden ⚲
► verlernen ⚲
verschwinden ⚲
► verspäten ⚲
vorschlagen ⚲
► warten ⚲
wartete ⚲ – *warten*
am weißesten ⊕ – *weiß*
► welche
werde ⚲ – *werden*
► werden ⚲
werdet ⚲ – *werden*
► werfen ⚲
die Wespe ○
der Westen ○
der Wichtel ○
die Windel ○
winken ⚲
der ► Winter ○
die ► Wolke ○
die Wunde ○
wunderbar ⊕
► wünschen ⚲
wurde ⚲ – *werden*
die ► Wurzel ○
die Wüste ○
zanken ⚲
das Zebra ○
► zeichnen ⚲
die ► Zeichnung ○
der Zirkel ○
der Zirkus ○
die Zitrone ○

Level 14: Konsonantenverbindungen am Wortende

Bereits bekannt

Vorstufe: Vokale und Diphthonge **a**, **e**, **i**, **ie**, **o**, **u**, **au**, **ei**
Level 1: **m**, **r**, **s**
Level 2: **n**, **f**, **l**
Level 3: **h**, **z**, **„-en"**
Level 4: **w**, **ch** (nicht am Wortanfang), **„-er"**
Level 5: **p**, **t**, **k**
Level 6: **b**, **g**, **„-el"**
Level 7: **sch**, **d**, **eu**
Level 8: **ä**, **ö**, **ü**
Level 9: **j**, **ß** (am Silbenanfang); **v** in **„ver-"** und **„vor-"**
Level 10: **qu**, **chs**, **ng**
Level 11: Einfache Konsonantenverbindungen am Wortanfang
Level 12: Schwierige Konsonantenverbindungen am Wortanfang: **st**, **sp**, **pf**
Level 13: Konsonantenverbindungen im Wortinneren

Neu eingeführt

Konsonantenverbindungen am Wortende
am Morphemende wie in *Qua**tsch***,
zusätzliche Flexionssuffixe wie in *qua**tschst**, lei**mst***

Hinweise

Zu diesem Level gehören nur lautgetreue Konsonantenverbindungen. Doppelkonsonanten wie in *ko**mmt*** werden im orthografischen Bereich auf Level 17 behandelt. Kombinationen mit **b** wie in *grä**bt***, **d** wie in *Sa**nd*** oder **g** wie in *Sa**rg*** werden ebenfalls erst dort thematisiert, da es bei ihnen zur Auslautverhärtung kommt, d. h., man hört /p/, /t/ bzw. /k/.

Neue Wörter

	▶	acht
	▶	als
	▶	alt ⊕
	▶	anders
	▶	angeln ⚲
die	▶	Angst ○
die		Anschrift ○
die		Antwort ○
		arm ⊕
der	▶	Arm ○
die		Art ○
der	▶	Arzt ○
der	▶	Ast ○
der	▶	August ○
die	▶	Bank ○
der		Bart ○
		behindert ⊕
	▶	bereits
	▶	bist ⚲ – *sein*
der		Bleistift ○
		blinzeln ⚲
der		Bücherwurm ○
	▶	bunt ⊕
der		Dampf ○
der		Dank ○
		darf ⚲ – *dürfen*
		dauern ⚲
	▶	deutsch ⊕ *(nicht steigerbar)*
der		Dialekt ○
		dicht ⊕
das	▶	Dorf ○
der		Dorn ○
	▶	dort
	▶	durch
der	▶	Durst ○
		echt ⊕ *(nicht steigerbar)*
die		Eigenschaft ○
	▶	eins
		ekeln ⚲
der		Elch ○
der		Elefant ○
	▶	elf
die	▶	Eltern ○
		ernst ⊕
der		Ernst ○
	▶	erst
	▶	erstens
		falsch ⊕ *(nicht steigerbar)*
		fast
		feiern ⚲
		fern ⊕
		fest ⊕
das		Fest ○
	▶	feucht ⊕
der		Film ○
die		Form ○
		fort
der		Frost ○
die	▶	Frucht ○
	▶	fünf
die		Gans ○
	▶	ganz ⊕ *(nicht steigerbar)*

der		Gast ◯
die	▶	Geburt ◯
das		Gedicht ◯
der		Geist ◯
	▶	gern
das	▶	Gesicht ◯
das		Gespenst ◯
	▶	gestern
		gestreift ⊕ *(nicht steigerbar)*
die		Gewalt ◯
das		Gewicht ◯
der		Glanz ◯
		gruseln ⚲
		hageln ⚲
		half ⚲ – *helfen*
der		Halm ◯
der	▶	Hals ◯
		hampeln ⚲
		handeln ⚲
	▶	hart ⊕
		hast ⚲ – *haben*
das	▶	Heft ◯
der		Helm ◯
das		Herz ◯
		hielt ⚲ – *halten*
der		Hirsch ◯
das		Holz ◯
		humpeln ⚲
	▶	hundert
	▶	ins
das		Insekt ◯
	▶	ist ⚲ – *sein*
		jubeln ⚲
	▶	kalt ⊕

der		Kampf ◯
der		Kern ◯
		kichern ⚲
		klingeln ⚲
		knobeln ⚲
der		Knopf ◯
der		Kompost ◯
der		Konflikt ◯
der	▶	Kopf ◯
das		Korn ◯
die	▶	Kraft ◯
	▶	krank ⊕
der		Kranz ◯
die		Kunst ◯
	▶	kurz ⊕
		kuscheln ⚲
	▶	leicht ⊕
das	▶	Licht ◯
		liefern ⚲
		lodern ⚲
die	▶	Luft ◯
die		Lust ◯
die		Macht ◯
		manch
der		Markt ◯
der		Matsch ◯
der	▶	Mensch ◯
die	▶	Milch ◯
der		Mist ◯
		modern ⊕
der		Moment ◯
		murmeln ⚲
die	▶	Nacht ◯
	▶	nachts
das		Nest ◯

	►	nicht
	►	nichts
	►	niemals
		nieseln ⚲
	►	oft ⊕
der		Ort ◯
das	►	Ostern ◯
der		Papst ◯
der		Park ◯
der	►	Pilz ◯
der		Polizist ◯
		poltern ⚲
die		Post ◯
der		Prinz ◯
das		Produkt ◯
das		Projekt ◯
das		Prozent ◯
das		Pult ◯
der		Punkt ◯
der		Qualm ◯
der		Quark ◯
der	►	Quatsch ◯
		quengeln ⚲
der		Quirl ◯
		radeln ⚲
		rascheln ⚲
		recht ⊕ *(nicht steigerbar)*
das		Recht ◯
der		Rest ◯
das		Rezept ◯
		rodeln ⚲
der		Rost ◯
der	►	Saft ◯
das	►	Salz ◯

	►	scharf ⊕
		schaukeln ⚲
der		Scherz ◯
die		Schicht ◯
der		Schirm ◯
	►	schlecht ⊕
		schlendern ⚲
		schleudern ⚲
der		Schmerz ◯
der		Schrank ◯
die		Schrift ◯
der		Schwanz ◯
der		Schwarm ◯
	►	schwarz ⊕
das		Schwert ◯
	►	segeln ⚲
der		Senf ◯
die		Sicht ◯
		silbern ⊕ *(nicht steigerbar)*
	►	sofort
		solch
		sondern
	►	spiegeln ⚲
		spielt ⚲ – *spielen*
der	►	Sport ◯
	►	stark ⊕
der		Start ◯
der	►	Stern ◯
der	►	Stift ◯
die	►	Stirn ◯
der		Strumpf ◯
der	►	Stumpf ◯
der	►	Sturm ◯
		sucht ⚲ – *suchen*

der Tank ◯
der Tanz ◯
der Topf ◯
trank ⍉ – *trinken*
trödeln ⍉
der Trost ◯
der Turm ◯
die ► Überschrift ◯
die Übung ◯
die Umwelt ◯
► uns
der ► Unterricht ◯
verwandeln ⍉
die ► Vorsicht ◯
wandern ⍉
► warm ⊕

► wechseln ⍉
die ► Welt ◯
das Werk ◯
der Wert ◯
wirst ⍉ – *werden*
der ► Wolf ◯
das ► Wort ◯
der ► Wunsch ◯
der Wurm ◯
die ► Wurst ◯
das Zelt ◯
der Zimt ◯
der Zopf ◯
der Zorn ◯
die ► Zukunft ◯
► zwölf

Teil 2: Orthografischer Bereich

Level 15: Doppelkonsonanten **bb, ff, gg, ll, mm, nn, pp, rr, ss, tt,** wenn sie direkt per Pilotsprache hörbar zu machen sind

Bereits bekannt

Lautgetreuer Bereich (Level 1–14)

Neu eingeführt

Doppelkonsonanten, wenn sie direkt per Pilotsprache hörbar zu machen sind:

bb für /b/ wie in *Ebbe* → /ˈɛbbə/Pilotsprache
ff für /f/ wie in *Affe* → /ˈaffə/Pilotsprache
gg für /g/ wie in *Flagge* → /ˈflaggə/Pilotsprache
ll für /l/ wie in *alle* → /ˈallə/Pilotsprache
mm für /m/ wie in *Flummi* → /ˈflʊmmi/Pilotsprache
nn für /n/ wie in *Spinne* → /ˈʃpɪnnə/Pilotsprache
pp für /p/ wie in *Puppe* → /ˈpʊppə/Pilotsprache
rr für /ʀ/ wie in *irren* → /ˈɪʀʀən/Pilotsprache
ss für /s/ wie in *Tasse* → /ˈtassə/Pilotsprache
tt für /t/ wie in *Latte* → /ˈlattə/Pilotsprache

Hinweise

Viele Rechtschreiblehrgänge stufen Doppelkonsonanten als lautgetreu ein, wenn sie sich direkt, d. h. ohne Verlängern, hörbar machen lassen. Die Standardlautung sieht jedoch keine doppelte Artikulation des Konsonanten vor. Man spricht beispielsweise /ˈklamɐ/ für *Klammer*. Man kann sich aber dafür entscheiden, diese Wörter im Erwerbsprozess pilotsprachlich den Schreibsilben entsprechend zu artikulieren: /ˈklammɐ/Pilotsprache. Da spätestens im Zusammenhang mit der Trennung dieser

Wörter diese Segmentierung benötigt wird, kann man sie so direkt einführen.
ck und **tz** werden auf Level 16 gesondert thematisiert.

Neue Wörter

bb

die ▶ Ebbe ○
die Krabbe ○
krabbeln ⚲
die Robbe ○

ff

der Affe ○
die Differenz ○
die Giraffe ○
▶ hoffen ⚲
▶ hoffentlich
die Kartoffel ○
der Koffer ○
der ▶ Löffel ○
der Neffe ○
▶ offen ⊕ *(nicht steigerbar)*
der Pantoffel ○
der Pfeffer ○
schaffen ⚲
schnüffeln ⚲
▶ treffen ⚲
die Waffe ○
die Waffel ○
die Ziffer ○

gg

der Bagger ○
die Flagge ○
der Roggen ○

ll

▶ alle
allein
▶ alles
bellen ⚲
die ▶ Brille ○
brüllen ⚲
▶ fallen ⚲
▶ füllen ⚲
der ▶ Füller ○
▶ gefallen ⚲
grillen ⚲
hallo!
▶ herstellen ⚲
die ▶ Herstellung ○
die Hülle ○
die Kelle ○
der Keller ○
knallen ⚲
die Knolle ○
kontrollieren ⚲
die Kralle ○
die Pille ○
der Propeller ○

der Pulli
die Pupille
die Qualle
die ► Quelle
die Rolle
► rollen
der Roller
schmollen
die Scholle
die Schwelle
► sollen
► stellen
die Tabelle
der ► Teller
die Welle
die Wolle
► wollen

mm

► bekommen
brummen
bummeln
die Büroklammer
die Flamme
das Gummi
der Hammel
der Hammer
der ► Himmel
die Hummel
► immer
der Jammer
jammern
die Kammer
die Klammer
klemmen
► kommen
der Kummer
der Lümmel
die ► Nummer
► nummerieren
der Radiergummi
sammeln
schummeln
► schwimmen
der ► Sommer
die Stimme
► stimmen
die Summe
summen
die Trommel
das ► Zimmer
► zusammen

nn

► beginnen
► brennen
der Brunnen
der ► Donner
► donnern
► gewinnen
die Henne
innen
► kennen
► können
nennen
die Nonne
die Panne
die Pfanne
► rennen
die ► Sonne

spannen ⚲
die Spinne ○
die Tanne ○
die Tonne ○
trennen ⚲
▶ verbrennen ⚲
die ▶ Verbrennung ○
die Wanne ○

pp

die Gruppe ○
die Kappe ○
die Kaulquappe ○
die Klappe ○
klappern ⚲
die Mappe ○
die Pappe ○
die ▶ Puppe ○
schleppen ⚲
die Schuppe ○
die Suppe ○
tippen ⚲
die Treppe ○
die Truppe ○

rr

die Gitarre ○
irren ⚲
knarren ⚲
knurren ⚲
die Starre ○

ss

aufpassen ⚲
▶ besser ⊕ – *gut*
dessen
esse ⚲ – *essen*
▶ essen ⚲
das Essen ○
fassen ⚲
▶ fressen ⚲
die Gasse ○
das Gewissen ○
▶ interessant ⊕
das ▶ Interesse ○
die Kasse ○
das Kissen ○
die ▶ Klasse ○
küssen ⚲
▶ lassen ⚲
das Lasso ○
▶ messen ⚲
das ▶ Messer ○
▶ müssen ⚲
▶ passen ⚲
passieren ⚲
die Prinzessin ○
der ▶ Schlüssel ○
die Schüssel ○
der ▶ Sessel ○
die ▶ Tasse ○
verbessern ⚲
die Verbesserung ○
▶ vergessen ⚲
das ▶ Wasser ○
wessen
▶ wissen ⚲
das ▶ Wissen ○

tt

	▶	bitten
		bitter
die	▶	Butter
das	▶	Gewitter
		hatte – *haben*
die		Hütte
die		Kette
	▶	klettern
das		Konfetti
die		Latte
die		Matte
die	▶	Mitte
die		Motte
die	▶	Mutter
der		Otter
die		Platte
die		Quittung
die		Ratte
		retten
der		Ritter
		rütteln
der		Sattel
		satteln
der	▶	Schatten
der		Schlitten
der	▶	Schmetterling
	▶	schütteln
		schütten
die		Watte
die		Wette
		wetten
das	▶	Wetter
		wittern
der		Zettel
		zittern

Level 16: ck und tz, wenn sie direkt per Pilotsprache hörbar zu machen sind

Bereits bekannt

Lautgetreuer Bereich (Level 1–14)
Orthografischer Bereich
Level 15 = Thema 1: Doppelkonsonanten **bb, ff, gg, ll, mm, nn, pp, rr, ss, tt**, wenn sie direkt per Pilotsprache hörbar zu machen sind

Neu eingeführt

ck und **tz**, wenn sie direkt per Pilotsprache hörbar zu machen sind:
ck für /k/ wie in *backen* → /ˈbakkən/Pilotsprache
tz für /t͡s/ wie in *Katze* → /ˈkatt͡sə/Pilotsprache

Hinweise

Auch für Wörter mit **ck** und **tz** sieht die Standardlautung keine doppelte Artikulation der Konsonanten vor. Man spricht beispielweise /ˈbakn̩/ für *backen* oder /ˈkat͡sə/ für *Katze*. Man kann sich aber auch hier dafür entscheiden, diese Wörter im Erwerbsprozess pilotsprachlich zu artikulieren, beispielsweise /ˈbakkn/Pilotsprache oder sogar /ˈbakkən/Pilotsprache für *backen*.
Für *Katze* gibt es drei Möglichkeiten: /ˈkat͡st͡sə/Pilotsprache, /ˈkatsə/Pilotsprache oder /ˈkatt͡sə/Pilotsprache.
Stolperstein Silbentrennung: Anders als **tz**, das beim Trennen segmentiert wird, wird **ck** als Einheit der zweiten Silbe zugeordnet (*ba-cken*), sodass für diese Gruppe von Wörtern dann die Regel „Ich höre kk, aber ich schreibe ck und trenne -ck“ eingeprägt werden muss.

Neue Wörter

ck

der		Acker ○
	▶	aufwecken ⚲
	▶	backen ⚲
	▶	blicken ⚲
die	▶	Brücke ○
		bücken ⚲
der		Dackel ○
die	▶	Decke ○
		decken ⚲
		dicker ⊕ – *dick*
	▶	drücken ⚲
die	▶	Ecke ○
	▶	erschrecken ⚲
die		Flocke ○
die		Glocke ○
		gucken ⚲
die	▶	Hecke ○
		hocken ⚲
		knacken ⚲
		lackieren ⚲
		lecker ⊕
		locker ⊕
die		Lücke ○
die		Mücke ○
		nicken ⚲
	▶	packen ⚲
		pflücken ⚲
		rücken ⚲
der	▶	Rücken ○
		schicken ⚲
		schlucken ⚲
	▶	schmecken ⚲
		schmücken ⚲
die		Schnecke ○
		spucken ⚲
		sticken ⚲
die		Strecke ○
		strecken ⚲
		stricken ⚲
	▶	trocken ⊕
	▶	verpacken ⚲
die	▶	Verpackung ○
	▶	verstecken ⚲
	▶	wackeln ⚲
der	▶	Wecker ○
der		Zacken ○
der	▶	Zucker ○

tz

	▶	blitzen ⚲
		hetzen ⚲
die	▶	Hitze ○
die	▶	Katze ○
		kitzeln ⚲
	▶	kratzen ⚲
		kritzeln ⚲
		motzen ⚲
die		Mütze ○
der	▶	Nutzen ○
	▶	nützen ⚲
die	▶	Pfütze ○
		platzen ⚲
		schnitzen ⚲
	▶	schützen ⚲
	▶	schwitzen ⚲

	►	setzen
	►	sitzen
die	►	Spitze
die		Spritze
		spritzen
die		Stütze
		stützen
die		Tatze
	►	verletzen
die	►	Verletzung
	►	verschmutzen
die	►	Verschmutzung
		wetzen

Level 17: Strategie Verlängern: Doppelkonsonanten am Wort-/Morphemende, Auslautverhärtung b, d, g, Velarisierung im Auslaut „-ig“

Bereits bekannt

Lautgetreuer Bereich (Level 1–14)

Orthografischer Bereich

Level 15 = Thema 1: Doppelkonsonanten **bb, ff, gg, ll, mm, nn, pp, rr, ss, tt**, wenn sie direkt per Pilotsprache hörbar zu machen sind

Level 16 = Thema 2: **ck** und **tz**, wenn sie direkt per Pilotsprache hörbar zu machen sind

Neu eingeführt

Strategie Verlängern:

A: Doppelkonsonanten am Wort-/Morphemende

Beispiele sind

ff für /f/ wie in *Gri**ff*** → *Gri**ff**e* → /ˈgʀɪffə/Pilotsprache

ll für /l/ wie in *Meta**ll*** → *Meta**ll**e* → /meˈtallə/Pilotsprache

nn für /n/ wie in *ke**nn**st* → *ke**nn**en* → /ˈkɛnnən/Pilotsprache

ck für /k/ wie in *Blo**ck*** → *Blö**ck**e* → /ˈblœkkə/Pilotsprache

tz für /k/ wie in *he**tz**t* → *he**tz**en* → /ˈhɛttsən/Pilotsprache

B: Auslautverhärtung

b für /p/ wie in *Die**b*** → *Die**b**e* → /ˈdiːbə/

d für /t/ wie in *San**d*** → *san**d**ig* → /ˈzandɪç/

g für /k/ wie in *lo**g*** → *gelo**g**en* → /gəˈloːgən/

C: Velarisierung im Auslaut

„-ig“ für /ç/ wie in *wicht**ig*** → *wicht**ig**e* → /ˈvɪçtɪgə/

Hinweise

Die Doppelkonsonanten (inklusive **ck** und **tz**) können zum einen direkt am Wortende stehen, es können aber als Flexionssuffixe direkt weitere Konsonanten folgen, z. B. *kom**m*** oder *kom**m**st*.
Die Velarisierung im Auslaut „-ig" kann nicht nur am Wortende auftreten. Sie kommt auch am Ende eines Morphems im Wortinneren vor, wenn dann ein Konsonant folgt wie in *belusti**g**t*. Wie im gesamten Werk wird hier entsprechend der Standardlautung kategorisiert. Speziell in Süddeutschland sagt man überwiegend /ɪk/.
Es werden zunächst die Wörter mit Doppelkonsonanten, dann Wörter mit Auslautverhärtung und schließlich Wörter mit Velarisierung am Wort- bzw. Morphemende gelistet.

Neue Wörter

Doppelkonsonanten am Wort-/Morphemende

ck

der ► Blick ◯
der ► Block ◯
► dick ⊕
am dicksten ⊕ – *dick*
der ► Druck ◯
der Fleck ◯
das ► Glück ◯
► glücklich ⊕
der Lack ◯
der ► Rock ◯
der Schmuck ◯
der Schock ◯
der ► Schreck ◯
► schrecklich ⊕
der Stock ◯
das ► Stück ◯
der Trick ◯
der Zweck ◯

ff

der ► Anpfiff ◯
der Griff ◯
der Pfiff ◯
das ► Schiff ◯
der ► Stoff ◯

ll

der ► Ball ◯
der Beifall ◯
der Fall ◯
der Grill ◯

▶ hell ⊕
der Knall ◯
das Metall ◯
der ▶ Müll ◯
null
der ▶ Schall ◯
▶ schnell ⊕
ich soll ⚲
sollte ⚲ – *sollen*
stellte ⚲ – *stellen*
▶ still ⊕
▶ toll ⊕
▶ will ⚲ – *wollen*
wollte ⚲ – *wollen*

mm

▶ bestimmt
der Damm ◯
das Diagramm ◯
▶ dumm ⊕
das Gramm ◯
der ▶ Kamm ◯
krumm ⊕
das Lamm ◯
▶ nimmt ⚲
das ▶ Programm ◯
der Schlamm ◯
▶ schlimm ⊕
schwamm ⚲ – *schwimmen*
der ▶ Schwamm ◯
der ▶ Stamm ◯

nn

bekannt ⊕
▶ dünn ⊕
▶ kann ⚲ – *können*
das Kinn ◯
konnte ⚲ – *können*
der ▶ Mann ◯
die ▶ Mannschaft ◯
rannte ⚲ – *rennen*
der Sinn ◯

pp

schlapp ⊕
der Tipp ◯

rr

dürr ⊕
der ▶ Herr ◯
starr ⊕

ss

der Bass ◯
der ▶ Biss ◯
▶ bisschen ⊕ *(nicht steigerbar)*
blass ⊕
das Fass ◯
der ▶ Fluss ◯
der Hass ◯
▶ isst ⚲ – *essen*
der Kompass ◯
der ▶ Kuss ◯
▶ muss ⚲ – *müssen*
musste ⚲ – *müssen*
▶ nass ⊕

die ▶ Nuss ◯
der ▶ Pass ◯
der Prozess ◯
der Riss ◯
Russland ◯
das ▶ Schloss ◯
der Schuss ◯

tt

das ▶ Bett ◯
das ▶ Blatt ◯
das Brett ◯
▶ fett ⊕
das ▶ Fett ◯
▶ glatt ⊕
der Gott ◯
▶ kaputt ⊕
der Kompott ◯
matt ⊕
der ▶ Mittwoch ◯
nett ⊕
satt ⊕
der Schritt ◯
der Schutt ◯

tz

▶ besetzt ⊕ *(nicht steigerbar)*
der ▶ Blitz ◯
das ▶ Gesetz ◯
das Netz ◯
▶ nützlich ⊕
der ▶ Platz ◯
der ▶ Satz ◯
der Schlitz ◯
der ▶ Schmutz ◯
der ▶ Schutz ◯
setzte ⚲ – *setzen*
der Spatz ◯
▶ spitz ⊕
der Witz ◯

Auslautverhärtung

b

blieb ⚲ – *bleiben*
der ▶ Bub ◯
der Dieb ◯
das ▶ Ergebnis ◯
die ▶ Erlaubnis ◯
das ▶ Erlebnis ◯
gab ⚲ – *geben*
▶ gelb ⊕
▶ gibt ⚲ – *geben*
das Grab ◯
habt ⚲ – *haben*
halb ⊕ *(nicht steigerbar)*
das Kalb ◯
der Korb ◯
das ▶ Laub ◯
der Leib ◯
▶ lieb ⊕
am liebsten ⊕ – *lieb*
das Lob ◯
der Raub ◯
schrieb ⚲ – *schreiben*

das Sieb ◯
der Stab ◯
der Staub ◯
trüb ⊕
der ▶ Urlaub ◯

d

der ▶ Abend ◯
▶ abends
das Ausland ◯
das Bad ◯
▶ bald
das ▶ Band ◯
das ▶ Bild ◯
▶ blind ⊕ *(nicht steigerbar)*
blöd ⊕
der ▶ Brand ◯
▶ Deutschland ◯
▶ empfindlich ⊕
fand ⚲ – *finden*
der Feind ◯
das ▶ Feld ◯
▶ fremd ⊕
der ▶ Freund ◯
▶ friedlich ⊕
die Geduld ◯
das ▶ Geld ◯
geschwind ⊕
▶ gesund ⊕
das Gold ◯
das Grad ◯
Griechenland ◯
der Grund ◯
die ▶ Hand ◯
das Handwerk ◯
der ▶ Held ◯
das ▶ Hemd ◯
der Herd ◯
der ▶ Hund ◯
die ▶ Jugend ◯
▶ jugendlich ⊕
das ▶ Kleid ◯
der Kobold ◯
das ▶ Mädchen ◯
der Neid ◯
niedlich ⊕
▶ niemand
▶ jemand
das ▶ Kind ◯
das ▶ Land ◯
das ▶ Lied ◯
mild ⊕
der Mond ◯
der ▶ Mund ◯
der Pfadfinder ◯
das Pfand ◯
das ▶ Pferd ◯
das Pfund ◯
das ▶ Rad ◯
das Rind ◯
▶ rund ⊕
Russland ◯
der ▶ Sand ◯
der Schiedsrichter ◯
das Schild ◯
der Schild ◯
die Schuld ◯
spannend ⊕
stand ⚲ – *stehen*

der Stand ◯
der ▶ Strand ◯
▶ tausend
der Tod ◯
der Verstand ◯
der ▶ Wald ◯
die Wand ◯
▶ wild ⊕
der ▶ Wind ◯
▶ wird ⚲ – *werden*
wütend ⊕

g

der ▶ Berg ◯
die ▶ Burg ◯
der ▶ Dienstag ◯
der ▶ Donnerstag ◯
flog ⚲ – *fliegen*
der Flug ◯
fragte ⚲ – *fragen*
der ▶ Freitag ◯
der ▶ Geburtstag ◯
genug
▶ klug ⊕
die ▶ Klugheit ◯
der ▶ Krieg ◯
der Krug ◯
lag ⚲ – *liegen*
legte ⚲ – *legen*
der ▶ Mittag ◯
möglich ⊕ *(nicht steigerbar)*
der ▶ Montag ◯
der ▶ Nachmittag ◯
der Pflug ◯
▶ regnen ⚲
sagte ⚲ – *sagen*
der ▶ Samstag ◯
der Schlag ◯
das Schlagzeug ◯
schräg ⊕
der ▶ Sonntag ◯
der ▶ Tag ◯
der Teig ◯
der Vormittag ◯
der Vorschlag ◯
der ▶ Weg ◯
das ▶ Zeugnis ◯
der Zug ◯
der Zweig ◯
der Zwerg ◯

Velarisierung im Auslaut „-ig"

beleidigt ⊕ *(nicht steigerbar)*
blutig ⊕
▶ durstig ⊕
▶ eckig ⊕ *(nicht steigerbar)*
farbig ⊕
▶ fertig ⊕ *(nicht steigerbar)*
die ▶ Feuchtigkeit ◯
▶ flüssig ⊕
geizig ⊕
gewaltig ⊕
giftig ⊕

► hungrig ⊕
klebrig ⊕
der ► König ◯
lustig ⊕
matschig ⊕
mutig ⊕
neugierig ⊕
nötig ⊕
notwendig ⊕
► richtig ⊕ *(nicht steigerbar)*
riesig ⊕
rostig ⊕
salzig ⊕
► sandig ⊕
schlammig ⊕ *(nicht steigerbar)*
► schmutzig ⊕
schuldig ⊕ *(nicht steigerbar)*
► schwierig ⊕
die ► Schwierigkeit ◯
staubig ⊕
die ► Süßigkeit ◯
traurig ⊕
übrig ⊕ *(nicht steigerbar)*
► vorsichtig ⊕
► wenig ⊕
► wichtig ⊕
witzig ⊕
zackig ⊕
zornig ⊕
► zukünftig ⊕ *(nicht steigerbar)*
zwanzig

Level 18: Strategie Ableiten: Umlaute ä und äu

Bereits bekannt

Lautgetreuer Bereich (Level 1–14)

Orthografischer Bereich

Level 15 = Thema 1: Doppelkonsonanten **bb, ff, gg, ll, mm, nn, pp, rr, ss, tt**, wenn sie direkt per Pilotsprache hörbar zu machen sind

Level 16 = Thema 2: **ck** und **tz**, wenn sie direkt per Pilotsprache hörbar zu machen sind

Level 17 = Thema 3: Strategie Verlängern: Doppelkonsonanten am Wort-/Morphemende, Auslautverhärtung **b**, **d**, **g**, Velarisierung im Auslaut „**-ig**"

Neu eingeführt

ä- und **äu**-Schreibungen, die aus a- und au-Schreibungen ableitbar sind:

ä für /ɛː/ wie in *Räder*, abgeleitet von *Rad,*
für /ɛ/ wie in *Hände*, abgeleitet von *Hand*

äu für /ɔɪ̯/ wie in *Räuber*, abgeleitet von *rauben*

Hinweise

Auf diesem Level werden noch keine Wörter mit Dehnungs-**h** wie *fährt*, ableitbar von *fahren*, behandelt (Level 20).
Ab hier beginnt eine systematische Auseinandersetzung mit dem morphematischen Phänomen des Stammvokalwechsels.

Neue Wörter

▶ ändern ⚲ – *anders*
▶ ängstlich ⊕ – *Angst*
der Ärger ○ – *arg*
▶ ärgern ⚲ – *arg*
der Ärmel ○ – *Arm*
die Ärztin ○ – *Arzt*
▶ aufräumen ⚲ – *Raum*
der ▶ Bäcker ○ – *backen*
die Bäckerei ○ – *backen*
bärtig ⊕ – *Bart*
die Bäuerin ○ – *Bauer*
drängeln ⚲ – *Drang*
drängen ⚲ – *Drang*
erkältet ⊕ *(nicht steigerbar)* – *kalt*
▶ erklären ⚲ – *klar*
die Fläche ○ – *flach*
der Gärtner ○ – *Garten*
die Gärtnerin ○ – *Garten*
das Gebäck ○ – *backen*
das ▶ Gebäude ○ – *Bau*
das Gemälde ○ – *malen*
das Geräusch ○ – *rauschen*
das ▶ Geschäft ○ – *schaffen*
das ▶ Getränk ○ – *Trank*
das ▶ Gewächs ○ – *wachsen*
das Gewässer ○ – *Wasser*
glänzen ⚲ – *Glanz*
glänzend ⊕ *(nicht steigerbar)* – *Glanz*
gläsern ⊕ *(nicht steigerbar)* – *Glas*
die Hälfte ○ – *halb*
die Hände ○ – *Hand*
▶ hängen ⚲ – *Hang*
hässlich ⊕ – *Hass*
▶ häufig ⊕ – *Haufen*
der Jäger ○ – *jagen*
jämmerlich ⊕ – *Jammer*
▶ kämmen ⚲ – *Kamm*
kämpfen ⚲ – *Kampf*
▶ kräftig ⊕ – *Kraft*
lächeln ⚲ – *lachen*
das Lächeln ○ – *lachen*
der ▶ Läufer ○ – *laufen*
mächtig ⊕ – *Macht*
männlich ⊕ *(nicht steigerbar)* – *Mann*
▶ nächste ⊕ – *nah*
die ▶ Nässe ○ – *nass*
das ▶ Päckchen ○ – *packen*
das Plätzchen ○ – *Platz*
▶ quälen ⚲ – *Qual*
die Quälerei ○ – *Qual*
die Räder ○ – *Rad*

das ▶ Rätsel ○ – *raten*
der Räuber ○ – *rauben*
räumen ⚲ – *Raum*
der Sänger ○ – *Gesang*
die Sängerin ○ – *Gesang*
der Schäfer ○ – *Schaf*
schälen ⚲ – *Schale*
die ▶ Schärfe ○ – *scharf*
schäumen ⚲ – *Schaum*
schwärzer ⊕ – *schwarz*
am schwärzesten ⊕ – *schwarz*
ständig ⊕ *(nicht steigerbar)* – *Stand*

der ▶ Stängel ○ – *Stange*
▶ stärken ⚲ – *stark*
▶ täglich ⊕ *(nicht steigerbar)* – *Tag*
täuschen ⚲ – *tauschen*
▶ träumen ⚲ – *Traum*
der ▶ Verkäufer ○ – *Kauf*
verständlich ⊕ – *Verstand*
wäre ⚲ – *war*
die ▶ Wärme ○ – *warm*
wärmen ⚲ – *warm*
die Wäsche ○ – *waschen*

Level 19: Strategie Merken: Endung „-ine“

Bereits bekannt

Lautgetreuer Bereich (Level 1–14)
Orthografischer Bereich

Level 15 = Thema 1: Doppelkonsonanten **bb, ff, gg, ll, mm, nn, pp, rr, ss, tt**, wenn sie direkt per Pilotsprache hörbar zu machen sind

Level 16 = Thema 2: **ck** und **tz**, wenn sie direkt per Pilotsprache hörbar zu machen sind

Level 17 = Thema 3: Strategie Verlängern: Doppelkonsonanten am Wort-/Morphemende, Auslautverhärtung **b**, **d**, **g**, Velarisierung im Auslaut **„-ig“**

Level 18 = Thema 4: Strategie Ableiten: Umlaute **ä** und **äu**

Neu eingeführt

Strategie Merken: Endung
„-ine“ für /iːnə/ wie in *Kab**ine***

Hinweise

Da es eine ganze Gruppe dieser Wörter gibt, kann man sie gut gebündelt trainieren.

Neue Wörter

die Apfelsine ◯
die Clementine ◯
die Gardine ◯
die Kabine ◯
die Kantine ◯
die Mandarine ◯
die Margarine ◯
die ► Maschine ◯
die Nektarine ◯
die Rosine ◯
die Ruine ◯
die Sardine ◯

Level 20: Strategie Merken: Dehnungs-h

Bereits bekannt

Lautgetreuer Bereich (Level 1–14)

Orthografischer Bereich

Level 15 = Thema 1: Doppelkonsonanten **bb, ff, gg, ll, mm, nn, pp, rr, ss, tt**, wenn sie direkt per Pilotsprache hörbar zu machen sind

Level 16 = Thema 2: **ck** und **tz**, wenn sie direkt per Pilotsprache hörbar zu machen sind

Level 17 = Thema 3: Strategie Verlängern: Doppelkonsonanten am Wort-/Morphemende, Auslautverhärtung **b**, **d**, **g**, Velarisierung im Auslaut **„-ig"**

Level 18 = Thema 4: Strategie Ableiten: Umlaute **ä** und **äu**

Level 19 = Thema 5: Strategie Merken: Endung **„-ine"**

Neu eingeführt

Strategie Merken: Dehnungs-**h** nach langem Vokal oder Diphthong **ah, äh, eh, ih, ieh, oh, öh, uh, üh, eih**

A: h an Silbengrenze wie in *se**h**en*, mit Pilotsprache hörbar zu machen: → /ˈzeːhən/Pilotsprache (teilweise vorheriges Ableiten erforderlich, wie in *sieht* → *sehen*)

B: h im Silbeninneren vor Konsonant wie in *fä**h**rt*, nicht hörbar zu machen

Hinweise

h an einer Silbengrenze wird häufig als „silbentrennendes" **h** bezeichnet, auch wenn es in der Standardlautung nicht artikuliert wird. Man spricht beispielsweise /ˈzeːən/ für *se**h**en*. Daher haben wir sämtliche **h**-Schreibungen, die im Zusammenhang mit Dehnung auftreten, unter der Strategie Merken zusammengefasst.

Man kann sich aber dafür entscheiden, diese Wörter, die ein **h** an einer Silbengrenze aufweisen, im Erwerbsprozess pilotsprachlich den Schreibsilben entsprechend zu artikulieren, also /ˈzeːhən/ Pilotsprache, und das **h** so hörbar zu machen.

Steht **h** dagegen im Inneren der Silbe, also vor einem Konsonanten, kann man es nicht direkt hörbar machen. Für einen Teil der Wörter lässt sich eine Form des Wortstamms finden, bei der das **h** am Anfang der Silbe steht und so per Pilotsprache hörbar wird, z. B. leitet man so *sie**h**t* von *se**h**en* ab. Man kann dieses **h** also nach dem Ableiten hörbar machen.

Die restlichen Wörter mit Dehnungs-**h** muss man sich allerdings einprägen.

In beiden Fällen gilt: Wortstämme mit Dehnungs-**h** werden konstant, d. h. in allen Flexionsformen und Zusammensetzungen, mit **h** geschrieben (Stammprinzip bzw. auch Morphemkonstanz).

Die meisten **ih**-Schreibungen treten in der Flexionsform des Personalpronomens ***ihr*** auf. Sie werden direkt zu Beginn als Ganzwörter eingeführt und prägen sich als Gruppe leicht ein.

Neue Wörter

h an Silbengrenze (hörbar zu machen) bzw. darauf zurückführbar

bemühen ⚲
bestehen ⚲
► blühen ⚲
die Brühe ○
► drehen ⚲
drohen ⚲
ehe
die Ehe ○
► fernsehen ⚲
der ► Fernseher ○
► fliehen ⚲
der Floh ○ – *Flöhe*
froh ⊕ – *frohe*
► fröhlich ⊕ – *frohe*
früh ⊕ – *frühe*
der ► Frühling ○ – *frühe*
► gehen ⚲
► geschehen ⚲
das Geweih ○ – *Geweihe*
glühen ⚲
die ► Höhe ○
die Krähe ○
krähen ⚲
die ► Kuh ○ – *Kühe*
leihen ⚲
mähen ⚲
die Mühe ○
mühen ⚲
► nah ⊕ – *nahe*
die ► Nähe ○
► nähen ⚲
das ► Reh ○ – *Rehe*
die Reihe ○
roh ⊕ – *rohe*
die ► Ruhe ○
ruhen ⚲
► ruhig ⊕
sah ⚲ – *sehen*
der ► Schuh ○ – *Schuhe*
► sehen ⚲
► sieht ⚲ – *sehen*
sprühen ⚲
► stehen ⚲
die Truhe ○
wehen ⚲
der ► Zeh ○ – *Zehen*
die ► Zehe ○
► ziehen ⚲

h im Silbeninneren (nicht hörbar zu machen)

ahnen ⚲
die Ähre ○
die Anzahl ○
die Ausnahme ○
die ► Bahn ○
► belohnen ⚲
bewahren ⚲
► bezahlen ⚲
die Bohne ○
► bohren ⚲
die Bühne ○
dehnen ⚲
der ► Draht ○
die Ehre ○
► ehrlich ⊕
► ernähren ⚲
die Ernährung ○
► erzählen ⚲
die ► Erzählung ○
die Fahne ○
die Fähre ○
► fahren ⚲
das ► Fahrrad ○
die ► Fahrt ○
► fährt ⚲
der ► Fehler ○
► fehlerfrei ⊕ *(nicht steigerbar)*
die Feuerwehr ○
► fühlen ⚲
der Fühler ○
fuhr ⚲ – *fahren*
► führen ⚲
die ► Führung ○
gähnen ⚲
die Gebühr ○
die ► Gefahr ○
► gefährlich ⊕
das ► Gefühl ○
gewöhnen ⚲
der Hahn ○
► hohl ⊕
die ► Höhle ○
das Huhn ○
► ihm
► ihn
► ihnen
► ihr
► ihre
das ► Jahr ○
jährlich ⊕ *(nicht steigerbar)*
kahl ⊕ *(nicht steigerbar)*
der Kahn ○
kehren ⚲
der Kohl ○
die Kohle ○
► kühl ⊕
► kühlen ⚲
kühn ⊕
lahm ⊕
der ► Lehrer ○
die ► Lehrerin ○
der ► Lohn ○
► mahlen ⚲

		mahnen ꝭ
	►	mehr
der		Mohn ◯
die		Möhre ◯
die	►	Mühle ◯
		nahm ꝭ – *nehmen*
die	►	Nahrung ◯
die	►	Naht ◯
	►	nehmen ꝭ
		ohne
das	►	Ohr ◯
der		Rahmen ◯
das		Rohr ◯
die		Röhre ◯
	►	rühren ꝭ
die		Sahne ◯
	►	sehr
die		Sohle ◯
der	►	Sohn ◯
	►	stehlen ꝭ
der		Strahl ◯
		strahlen ꝭ
das		Stroh ◯
der	►	Stuhl ◯
die	►	Uhr ◯
	►	umkehren ꝭ
	►	ungefähr
der	►	Verkehr ◯
die	►	Vorfahrt ◯
die	►	Wahl ◯
	►	wählen ꝭ
		wahr ⊕ *(nicht steigerbar)*
	►	während
		wehren ꝭ
das	►	Weihnachten ◯
		wohl
	►	wohnen ꝭ
die		Wohnung ◯
die	►	Zahl ◯
	►	zahlen ꝭ
	►	zählen ꝭ
		zahm ⊕
der	►	Zahn ◯
	►	zehn

Level 21: Systematisierung: Schreibung von /z/ und /s/ mit s, ss oder ß

Bereits bekannt

Lautgetreuer Bereich (Level 1–14)
Orthografischer Bereich

Level 15 = Thema 1: Doppelkonsonanten **bb, ff, gg, ll, mm, nn, pp, rr, ss, tt**, wenn sie direkt per Pilotsprache hörbar zu machen sind

Level 16 = Thema 2: **ck** und **tz**, wenn sie direkt per Pilotsprache hörbar zu machen sind

Level 17 = Thema 3: Strategie Verlängern: Doppelkonsonanten am Wort-/Morphemende, Auslautverhärtung **b**, **d**, **g**, Velarisierung im Auslaut „**-ig**"

Level 18 = Thema 4: Strategie Ableiten: Umlaute **ä** und **äu**

Level 19 = Thema 5: Strategie Merken: Endung „**-ine**"

Level 20 = Thema 6: Strategie Merken: Dehnungs-**h**

Neu eingeführt

ß für stimmloses /s/ nach langem Vokal oder Diphthong auch am Wort-/Morphemende wie in *Gruß, reißt*

Systematisierung: Schreibung von /z/ und /s/ mit **s**, **ss** oder **ß**

s für stimmhaftes /z/ wie in *lesen* (ab Level 1),
für stimmloses /s/ im Auslaut eines Wortes, das durch Verlängern oder Ableiten hörbar zu machen ist, wie in *las* (ab Level 1),
für stimmloses /s/ wie in *aus* (ab Level 1),
für stimmloses /s/ nach Vokal in **st** wie in *Rest* (und selten **sk** wie in *Maske*, **sp** wie in *Wespe*, **sb** wie in *lesbar*, **sz** wie in *Disziplin*) im Inneren (ab Level 14) oder Auslaut des Morphems (ab Level 15),

	für stimmloses /s/ in Flexionssuffixen (ab Level 15)
ss	für stimmloses /s/ nach kurzem Vokal (vgl. Level 15 und Level 17)
ß	für stimmloses /s/ nach langem Vokal oder Diphthong (teilweise Level 9) wie in *grüßen, außer*

Hinweise

Für die Schreibung mit **s** gilt: Hört man im Wortstamm in irgendeiner Flexionsform ein stimmhaftes /z/, dann wird das Wort immer mit **s** geschrieben.
Ob kurzer Vokal, ob langer Vokal oder Diphthong: Immer mit **s** für /s/ geschrieben werden die Flexionssuffixe **-st...**, aber auch die Konsonantenverbindungen **st** (und selten **sp**, **sk**, **sb**) im Inneren oder im Auslaut des Wortstamms.
Hört man im Wortstamm durchweg ein stimmloses /s/, muss man bestimmen, ob davor ein kurzer Vokal steht (dann schreibt man **ss**) oder ein langer Vokal bzw. ein Diphthong (dann schreibt man **ß**). Bei Wortstämmen mit wechselndem Stammvokal kann es daher vorkommen, dass manche Formen mit **ss** und manche mit **ß** zu schreiben sind (aber niemals mit **s**). Und: Weder **ss** noch **ß** folgen auf Konsonanten.
Sowohl die Strategie des Verlängerns als auch die des Ableitens helfen bei der Entscheidungsfindung, aber auch die morphologische Strategie, die auf dem folgenden Level zentrales Thema ist, kommt hier mit der Wortstammbestimmung zum Tragen.
Achtung: Für einige nicht verlängerbare Wörter wie *aus* und *bis*, bei denen auf einen kurzen Vokal /s/ im Auslaut folgt, muss man sich die Schreibung mit **s** merken. Der Vorteil an der hier vorgeschlagenen Progression ist, dass diese kleinen Wörter lange eingeführt sind und sich die Schreibung schon gut festigen konnte, ehe die Lernenden mit der Dopplung und dem **ß** am Morphemende konfrontiert werden.
Es werden zunächst die neuen Wörter mit **ß** am Wort-/Morphemende gelistet, dann die bereits bekannten Wörter. Diese sind

Wörter mit **ß** am Silbenanfang, gefolgt von Wörtern mit **ss**, Wörtern mit **st**, **sp**, **sk** für /s/ (nicht im Anlaut), Wörter mit **s** für stimmloses /s/ und schließlich **s** für stimmhaftes /z/.

Neue Wörter

ß am Wort-/Morphemende

	▶	bloß
der	▶	Fleiß ◯
		fraß ⚲ – *fressen*
der	▶	Fuß ◯
der		Grieß ◯
	▶	groß ⊕
der	▶	Gruß ◯
	▶	heiß ⊕
		hieß ⚲ – *heißen*
der		Kloß ◯
		ließ ⚲
das	▶	Maß ◯
		saß ⚲ – *sitzen*
	▶	schließlich
der		Schweiß ◯
der	▶	Spaß ◯
der		Spieß ◯
der	▶	Strauß ◯
	▶	süß ⊕
	▶	weiß ⊕

Bekannte Wörter zum Systematisieren

ß am Silbenanfang

	▶	außen
	▶	außer
		außerdem
		begrüßen ⚲
	▶	beißen ⚲
	▶	draußen
		fleißig ⊕
	▶	fließen ⚲
die		Füße ◯ – *Fuß*
		genießen ⚲
	▶	gießen ⚲
		gleißen ⚲
die		Größe ◯
die		Grüße ◯ – *Gruß*
	▶	grüßen ⚲
	▶	heißen ⚲
		ließen ⚲ – *lassen*
	▶	reißen ⚲
	▶	schießen ⚲
	▶	schließen ⚲
die		Soße ◯
		spaßen ⚲
die		Spieße ◯
		sprießen ⚲
	▶	stoßen ⚲
die	▶	Straße ◯
die	▶	Süßigkeit ◯
		verdrießen ⚲

vergaßen ⚲ – *vergessen*

am weißer ⊕ – *weiß*
am weißesten ⊕ – *weiß*

ss

aufpassen ⚲
der Bass ◯
▶ besser ⊕
der ▶ Biss ◯
▶ bisschen ⊕ *(nicht steigerbar)*
blass ⊕
dessen
esse ⚲ – *essen*
▶ essen ⚲
das Essen ◯
das Fass ◯
fassen ⚲
der ▶ Fluss ◯
▶ flüssig ⊕
▶ fressen ⚲
die Gasse ◯
das Gewässer ◯
das Gewissen ◯
der Hass ◯
hässlich ⊕
▶ interessant ⊕
das ▶ Interesse ◯
▶ isst ⚲
die Kasse ◯
das Kissen ◯
die ▶ Klasse ◯
der Kompass ◯
der ▶ Kuss ◯
küssen ⚲
▶ lassen ⚲

das Lasso ◯
▶ messen ⚲
das ▶ Messer ◯
▶ muss ⚲ – *müssen*
▶ müssen ⚲
musste ⚲ – *müssen*
▶ nass ⊕
die ▶ Nässe ◯
die ▶ Nuss ◯
der ▶ Pass ◯
▶ passen ⚲
passieren ⚲
die Prinzessin ◯
der Prozess ◯
der Riss ◯
Russland ◯
das ▶ Schloss ◯
der Schluss ◯
der ▶ Schlüssel ◯
der Schuss ◯
die Schüssel ◯
der ▶ Sessel ◯
die ▶ Tasse ◯
verbessern ⚲
die Verbesserung ◯
▶ vergessen ⚲
das ▶ Wasser ◯
wessen
▶ wissen ⚲
das ▶ Wissen ◯

st, sp, sk mit /s/ (nicht im Anlaut)

sk

die Maske ◯
maskieren ⚲
riskieren ⚲

sp

knispeln ⚲
die Knospe ◯
knuspern ⚲
knusprig ⊕
räuspern ⚲
die Wespe ◯
wispern ⚲

st

▶ bist ⚲ – *sein*
fast
fest ⊕
das Fest ◯
der Frost ◯
der Geist ◯
die Geschwister ◯
▶ gestern
der Husten ◯
der Kasten ◯
die ▶ Kiste ◯
der Kompost ◯
kosten ⚲
am lautesten ⊕ – *laut*
die Liste ◯
die Lust ◯
lustig ⊕
der Mist ◯
der Osten ◯
das ▶ Ostern ◯
das Pflaster ◯
das Plastik ◯
die Post ◯
pusten ⚲
der Rest ◯
der Rost ◯
rosten ⚲
rösten ⚲
rostig ⊕
am rötesten ⊕ – *rot*
am schwärzesten ⊕ – *schwarz*
die ▶ Schwester ◯
die ▶ Taste ◯
der Trost ◯
der Westen ◯
die Wüste ◯

s für /s/ am Wort-/Morphemende, durch Verlängern /z/ hörbar zu machen

atemlos ⊕ *(nicht steigerbar) – atemlose*
▶ dies – *diese*
das ▶ Eis ◯ – *eisig*
das Gas ◯ – *Gase*
das Glas ◯ – *Gläser*
das ▶ Gras ◯ – *Gräser*

der ▶ Hals ○ – *Hälse*
das ▶ Haus ○ – *Häuser*
haust ✎ – *hausen*
der Kreis ○ – *Kreise*
kreist ✎ – *kreisen*
las ✎ – *lesen*
liest ✎ – *lesen*

das Los ○ – *Lose*
lost ✎ – *losen*
die ▶ Maus ○ – *Mäuse*
der Preis ○ – *Preise*
rast ✎ – *rasen*
reist ✎ – *reisen*

s für /z/ im Wort – direkt hörbar

die ▶ Ameise ○
die Blase ○
blasen ✎
die Bluse ○
▶ böse ⊕
die Brause ○
brausen ✎
▶ diese
▶ dieser
die ▶ Dose ○
die Düse ○
das Eisen ○
der ▶ Esel ○
gruseln ✎
der ▶ Hase ○
▶ leise ⊕
▶ lesen ✎
losen ✎
lösen ✎
die Lösung ○
die Meise ○

die ▶ Nase ○
die Pause ○
rasen ✎
der ▶ Rasen ○
die Reise ○
▶ reisen ✎
der Riese ○
riesig ⊕
rosa ⊕ *(nicht steigerbar)*
die Rose ○
die Rosine ○
die Schleuse ○
▶ tausend
vorlesen ✎
weise ⊕
die ▶ Wiese ○
das Wiesel ○
wieso
▶ zusammen

Level 22: Strategie Morphemanalyse: Anfangs- und Endbausteine erkennen, Stammprinzip beachten

Bereits bekannt

Lautgetreuer Bereich (Level 1–14)

Orthografischer Bereich

Level 15 = Thema 1: Doppelkonsonanten **bb, ff, gg, ll, mm, nn, pp, rr, ss, tt**, wenn sie direkt per Pilotsprache hörbar zu machen sind

Level 16 = Thema 2: **ck** und **tz**, wenn sie direkt per Pilotsprache hörbar zu machen sind

Level 17 = Thema 3: Strategie Verlängern: Doppelkonsonanten am Wort-/Morphemende, Auslautverhärtung **b**, **d**, **g**, Velarisierung im Auslaut **„-ig"**

Level 18 = Thema 4: Strategie Ableiten: Umlaute **ä** und **äu**

Level 19 = Thema 5: Strategie Merken: Endung **„-ine"**

Level 20 = Thema 6: Strategie Merken: Dehnungs-**h**

Level 21 = Thema 7: Systematisierung: Schreibung von /z/ und /s/ mit **s**, **ss** oder **ß**

Neu eingeführt

Strategie Morphemanalyse:

A: Anfangs- und Endbausteine erkennen

- Präfixe: ab-, an-, auf-, aus-, be-, bei-, durch-, ein-, ent-, ge-, gegen-, hin-, hinter-, mit-, über-, um-, un-, ver-, vor-, wieder-, zu-, zwischen-
- wortartentypische Suffixe
  Nomen: -chen, -heit, -in, -ion, -keit, -nis, -schaft, -tum, -ung
  Adjektive: -bar, -haft, -ig, -isch, -lich, -los, -sam

Verben: -e, -en, -n, -st, -t, -te, -ten, -test, -tet (Präsens und Präteritum)

B: Stammprinzip beachten
Beispiele sind:
Auslautverhärtung **b, d, g** in einer Form des Morphems, dann in allen anderen, auch wenn man /p/ statt /b/ hört wie in *rei**b**|st*, /t/ statt /d/ wie in *en**d**|lich* bzw. /k/ statt /g/ wie in *Klu**g**|heit*
Verschriftlichung von /ks/, wenn **s** nicht zum Grundmorphem gehört, und zwar durch

cks wie in *ausdru**ck**|**s**|los* → *Druck*,
wie in *di**ck**|**s**te* → *dick*
ks wie in *par**k**|**s**t* → *park* → *park|en*
gs wie in *lü**g**|**s**t* → *lüg* → *lüg|en*
s für /s/ wie in *reis|ten* → *reis|en* → /ˈʀaɪ̯zn̩/

Dehnungs-h im Wortstamm, dann in allen Flexionsformen, auch bei Wechsel des Stammvokals: *se**h**|en* → *sa**h**|en, sä**h**|e, sie**h**|st*

Hinweise

Es geht zum einen darum, typische und häufige Präfixe (Anfangsbausteine) und Suffixe (Endbausteine) zu erkennen und sie korrekt zu schreiben. Zum anderen geht es langfristig darum, die Segmentierung von Wörtern in Wortstamm (bei Komposita ggf. in mehrere Wortstämme) und wortbildende Prä- bzw. Suffixe einzuüben. Dann kann man systematisch Wortfamilien betrachten und die Morphemkonstanz bei der Analyse und Wahl der Schreibung berücksichtigen.
Es werden zunächst die Wörter aufgeführt, die nur Präfixe haben, dann folgen Wörter mit Suffixen, und zwar zunächst nach Wortart, dann nach Suffix und innerhalb dieser Gruppen alphabetisch sortiert, sodass sie auch nach Präfixen geordnet sind.
Die Liste der Verbsuffixe beschränkt sich auf wenige Formen neben denen des Infinitivs. In der Wörterliste werden die Präte-

ritumsuffixe -ten, -test und -tet nicht eigens aufgeführt, sondern lediglich exemplarisch -te.

Häufig treten sowohl Prä- als auch Suffixe oder mehrere Suffixe auf. Daher werden die hier betrachteten Prä- und Suffixe optisch durch | vom Wortstamm (oder anderen Prä- bzw. Suffixen) abgetrennt. So kann die Liste zugleich als Fundus für Reflexionen und Übungen zum Stammprinzip genutzt werden.

Das Präfix *end-* taucht hier übrigens nicht auf, weil es der Wortstamm ist und von *Ende* abgeleitet werden kann.

Wenn /ks/ zu hören ist, wird dies außer mit dem Basisgraphem **chs** (Level 10) überwiegend mit den Graphemfolgen **cks** wie in *di**cks**ten* und **ks** wie in *par**kst*** verschriftlicht. In der Regel gehört das **s** dann nicht zum Grundmorphem. Es kann sich beim **s** z.B. um ein Genitiv-s wie in *Druck**s*** → *Druck*, ein Fugen-**s** eines Kompositums wie in *ausdruck|**s**|los* → *Druck*, ein mit **s** beginnendes Flexionsmorphem wie in *dick|**ste*** → *dick, knick|**se*** → *Knick* oder ein Wort mit der Endung „-sen“ wie *trick|**sen*** → *Trick* handeln.

gs für /ks/ wie in *lü**g**|**st*** lässt sich als Auslautverhärtung einstufen und auf das Grundmorphem *lüg* zurückführen, bei dem man das **g** durch Verlängerung zu *lü**g**en* hörbar machen kann.

Zu „B: Stammprinzip beachten“ werden hier keine Wörter gelistet, da die Vielzahl der geeigneten Wörter im Rahmen dieses Wörterbuchs nicht zu erfassen ist bzw. hier den Rahmen sprengt.

Wörter

Präfixe

ab-

der Ab|bau ◯
die Ab|fahrt ◯
die Ab|gab|e ◯
der ► Ab|satz ◯

an-

der An|hang ◯
der ► An|pfiff ◯
die An|sag|e ◯

auf-

die ▶ Auf|gab|e ○
der Auf|lauf ○
das Auf|seh|en ○
der Auf|sicht ○

aus-

der Aus|druck ○
die Aus|fahrt ○
der Aus|flug ○
das Aus|land ○
die Aus|nahm|e ○

be-

be|gab|t ⊕
be|lüg|en
▶ be|quem ⊕
▶ be|reit ⊕ *(nicht steigerbar)*
der ▶ Be|ruf ○
▶ be|vor

bei-

bei|einander
der Bei|fahr|er ○
der Bei|fall ○
der Bei|ge|schmack ○
bei|samm|en
bei|seit|e
der Bei|stand ○
der Bei|trag ○

durch-

der Durch|blick ○
das Durch|einander ○
die Durch|fahrt ○
der Durch|fall ○
die Durch|wahl ○

ein-

der Ein|fall ○

ent-

▶ ent|geg|en
das Ent|setz|en ○

ge-

das ▶ Ge|bäu|de ○
die ▶ Ge|burt ○
die ▶ Ge|fahr ○
▶ ge|fall|en
das ▶ Ge|fühl ○
▶ ge|heim ⊕ *(nicht steigerbar)*
die ▶ Ge|mein|de ○
das ▶ Ge|müse ○
▶ ge|nau ⊕
▶ ge|rade
der ▶ Ge|ruch ○
der ▶ Ge|sang ○
das ▶ Ge|schäft ○
die ▶ Ge|schichte ○
das ▶ Ge|setz ○
das ▶ Ge|sicht ○
▶ ge|sund ⊕
das ▶ Ge|tränk ○
das ▶ Ge|wächs ○
das ▶ Ge|witter ○

gegen-

► gegen
gegen|einander
der Gegen|satz ○
das Gegen|teil ○
gegen|über
der Gegen|vor|schlag ○
die Gegen|wart ○

hin-

hin|aus
die Hin|fahrt ○
die Hin|gab|e ○

hinter-

die Hinter|achse
das Hinter|bein ○
der Hinter|ge|dank|e ○
der Hinter|grund ○
hinter|her
der Hinter|mann ○
der Hinter|reif|en ○

mit-

das Mit|ge|fühl ○
das Mit|leid ○

über-

die Über|gab|e ○
die ► Über|schrift ○

um-

der Um|kreis ○
die Um|welt ○

un-

der Un|fall ○
► un|ge|fähr
un|ge|wiss ⊕

ver-

der ► Ver|ein ○
der ► Ver|käuf|er ○
der ► Ver|kehr ○
► ver|wandt ⊕

vor-

► vor|aus
vor|bei
die ► Vor|fahr|t ○
der Vor|schlag ○
die ► Vor|sicht ○

wieder-

das Wieder|seh|en ○
die Wieder|wahl ○

zu-

der Zu|fall ○
► zu|letzt
► zu|rück
► zu|sammen

zwischen-

die Zwischen|be|merk|ung
zwischen|durch
der Zwischen|fall
die Zwischen|frag|e

	zwischen|mensch|lich	der	Zwischen|schritt
			zwischen|zeit|lich

Suffixe – Nomen

-chen

das Blätt|chen ◯
das ▶ Bröt|chen ◯
das Häs|chen ◯
das ▶ Mäd|chen ◯
das ▶ Mär|chen ◯
das ▶ Päck|chen ◯
das Räd|chen ◯
das Radies|chen ◯
das Schräub|chen ◯
das Schwein|chen ◯

-heit

die Be|fang|en|heit ◯
die Ge|sund|heit ◯
die ▶ Klug|heit ◯
die Rein|heit ◯
die Un|be|dacht|heit ◯
die Un|er|fahr|en|heit ◯
die Un|ge|wiss|heit ◯
die Ver|log|en|heit ◯

-in

die Ärzt|in ◯
die Be|gleit|er|in ◯
die Bus|fahr|er|in ◯
die Er|zieh|er|in ◯
die Feind|in ◯
die Forsch|er|in ◯
die ▶ Freund|in ◯
die ▶ Held|in ◯
die ▶ König|in ◯
die ▶ Lehrer|in ◯
die Leiter|in ◯

-ion (siehe auch Level 23)

die Addit|ion ◯
die Divis|ion ◯
die Explos|ion ◯
die ▶ Informat|ion ◯
die Mill|ion ◯
die Multiplikat|ion ◯
die Subtrakt|ion ◯

-keit

die Ein|heit|lich|keit ◯
die Ein|ig|keit ◯
die Ein|tön|ig|keit ◯
die ▶ Feucht|ig|keit ◯
die Mittel|los|ig|keit ◯
die Neu|ig|keit ◯
die Pünkt|lich|keit ◯
die ▶ Schwier|ig|keit ◯
die ▶ Süßig|keit ◯
die Un|freund|lich|keit ◯

-nis

das Be|hält|nis ◯
das ▶ Er|geb|nis ◯

die ► Er|laub|nis ◯
das ► Er|leb|nis ◯
das ► Ge|heim|nis ◯
das Hinder|nis ◯
das Ver|hält|nis ◯
das Ver|ständ|nis ◯
das ► Zeug|nis ◯
das Zu|ge|ständ|nis ◯

-schaft

die Be|kannt|schaft ◯
die Bruder|schaft ◯
die Feind|schaft ◯
die Freund|schaft ◯
die Ge|mein|schaft ◯
die Ge|sell|schaft ◯
die ► Mann|schaft ◯
die Nach|bar|schaft ◯
die Ver|wandt|schaft ◯

-tum

das Alt|er|tum ◯
das Außen|seit|er|tum ◯
das Brauch|tum ◯
das Bürg|er|tum ◯
das Eig|en|tum ◯
das Heil|ig|tum ◯
der Irr|tum ◯
der Reich|tum ◯
das Wachs|tum ◯

-ung

die An|steck|ung ◯
die Be|geist|er|ung ◯
die Be|gleit|ung ◯
die Ein|geb|ung ◯
die ► Ent|fern|ung ◯
die Ent|schuld|ig|ung ◯
die ► Ent|wickl|ung ◯
die Er|nähr|ung ◯
die ► Er|wart|ung ◯
die ► Er|zähl|ung ◯
die ► Führ|ung ◯
die ► Heiz|ung ◯
die ► Her|stell|ung ◯
die ► Impf|ung ◯
die ► Kreuz|ung ◯
die Lös|ung ◯
die Mein|ung ◯
die Mit|teil|ung ◯
die ► Nahr|ung ◯
die Ordn|ung ◯
die Prüf|ung ◯
die Quitt|ung ◯
die Richt|ung ◯
die Send|ung ◯
die Über|rasch|ung ◯
die Üb|ung ◯
die Um|geb|ung ◯
die Um|ge|stalt|ung ◯
die Ver|besser|ung ◯
die ► Ver|brenn|ung ◯
die ► Ver|letz|ung ◯
die ► Ver|pack|ung ◯
die ► Ver|schmutz|ung ◯

die Wieder|ver|ein|ig|ung ◯
die Wohn|ung ◯
die ▶ Zeichn|ung ◯
die ▶ Zeit|ung ◯
die Zu|mut|ung ◯

Suffixe – Adjektive

-bar

acht|bar ⊕
auf|bau|bar ⊕
be|arbeit|bar ⊕
ess|bar ⊕
furcht|bar ⊕
lös|bar ⊕
trink|bar ⊕
wieder|auf|lad|bar ⊕
wieder|be|leb|bar ⊕
zu|sammen|leg|bar ⊕
zu|sammen|setz|bar ⊕

-haft

dauer|haft ⊕
ekel|haft ⊕
krank|haft ⊕
lach|haft ⊕
mangel|haft ⊕
modell|haft ⊕
un|vor|teil|haft ⊕
vor|teil|haft ⊕
zwang|haft ⊕

-ig

▶ durst|ig ⊕
▶ eck|ig ⊕
ein|fält|ig ⊕
farb|ig ⊕
▶ fert|ig ⊕
▶ fleiß|ig ⊕
▶ flüss|ig ⊕
gegen|seit|ig ⊕
gegen|teil|ig ⊕
ge|walt|ig ⊕
gift|ig ⊕
▶ häuf|ig ⊕
▶ hungr|ig ⊕
klebr|ig ⊕
▶ kräft|ig ⊕
lust|ig ⊕
mächt|ig ⊕
matsch|ig ⊕
mit|leid|ig ⊕
mut|ig ⊕
neu|gier|ig ⊕
nöt|ig ⊕
not|wend|ig ⊕
▶ richt|ig ⊕
ries|ig ⊕
▶ ruh|ig ⊕
salz|ig ⊕
▶ sand|ig ⊕
schlamm|ig ⊕
▶ schmutz|ig ⊕
schuld|ig ⊕
▶ schwier|ig ⊕
ständ|ig ⊕
staub|ig ⊕

un|günst|ig ⊕
► vor|sicht|ig ⊕
► wen|ig ⊕
witz|ig ⊕
zack|ig ⊕
zorn|ig ⊕
► zu|künft|ig ⊕

-isch

an|geb|er|isch ⊕
häm|isch ⊕
harmon|isch ⊕
kind|isch ⊕
kom|isch ⊕
mod|isch ⊕
neid|isch ⊕
problem|at|isch ⊕
► stürm|isch ⊕
trop|isch ⊕

-lich

► ängst|lich ⊕
► deut|lich ⊕
► ehr|lich ⊕
► emp|find|lich ⊕
► fried|lich ⊕
► fröh|lich ⊕
► ge|fähr|lich ⊕
gegen|sätz|lich ⊕
► glück|lich ⊕
häss|lich ⊕
heim|lich ⊕
► hoff|ent|lich ⊕
► jugend|lich ⊕
männ|lich ⊕
mög|lich ⊕
► natür|lich ⊕
nied|lich ⊕
► nütz|lich ⊕
► plötz|lich ⊕
pünkt|lich ⊕
► schließ|lich ⊕
► schreck|lich ⊕
► täg|lich ⊕
über|heb|lich ⊕
um|ständ|lich ⊕
un|freund|lich ⊕
un|ge|fähr|lich ⊕
un|glück|lich ⊕
ver|ständ|lich ⊕

-los

an|stand|s|los ⊕
eltern|los ⊕
er|geb|nis|los ⊕
freud|los ⊕
hoffn|ung|s|los ⊕
kind|er|los ⊕
kraft|los ⊕
lust|los ⊕
problem|los ⊕
risiko|los ⊕

-sam

arbeit|sam ⊕
auf|merk|sam ⊕
be|deut|sam ⊕
ein|präg|sam ⊕
folg|sam ⊕
furcht|sam ⊕

lang|sam ⊕
un|acht|sam ⊕
► un|auf|merk|sam ⊕
wirk|sam ⊕

Suffixe – Verben

-e

ess|e ♀ – *essen*
hab|e ♀ – *haben*
werd|e ♀ – *werden*
wurd|e ♀ – *werden*

-en

ab|bau|en ♀
ab|düs|en ♀
ab|fahr|en ♀
ab|geb|en ♀
ab|schreck|en ♀
ab|zieh|en ♀
an|geb|en ♀
an|nehm|en ♀
an|sag|en ♀
an|schau|en ♀
an|schrei|en ♀
an|steck|en ♀
an|zieh|en ♀
► auf|räum|en ♀
auf|sag|en ♀
auf|spring|en ♀
auf|stütz|en ♀
auf|tret|en ♀
auf|türm|en ♀
► auf|wach|en ♀
► auf|weck|en ♀
auf|zähl|en ♀
aus|fall|en ♀
aus|heb|en ♀
aus|schalt|en ♀
aus|schneid|en ♀
aus|zieh|en ♀
► bau|en ♀
be|denk|en ♀
be|deut|en ♀
be|gleit|en ♀
be|grab|en ♀
bei|steh|en ♀
bei|trag|en ♀
► be|komm|en ♀
► be|lohn|en ♀
► be|obacht|en ♀
► be|weg|en ♀
► be|zahl|en ♀
durch|blick|en ♀
durch|fahr|en ♀
durch|fall|en ♀
durch|halt|en ♀
durch|schau|en ♀
durch|spring|en ♀
durch|zieh|en ♀
ein|stürz|en ♀
ein|teil|en ♀
ein|trag|en ♀
ein|zieh|en ♀
► emp|fang|en ♀
► emp|find|en ♀
► ent|deck|en ♀

► ent|fern|en
ent|schuld|ig|en
► er|klär|en
► er|laub|en
► er|leb|en
► er|lern|en
► er|nähr|en
► er|schreck|en
► er|wart|en
► er|zähl|en
► ge|hör|en
► ge|scheh|en
► ge|winn|en
her|ab|setz|en
her|an|tret|en
her|aus|komm|en
her|bei|führ|en
her|bring|en
► her|stell|en
her|unter|komm|en
her|vor|bring|en
her|zeig|en
hin|auf|reich|en
hin|fahr|en
hin|fall|en
hin|geb|en
hin|krieg|en
hinter|geh|en
hinter|her|hink|en
hinter|leg|en
hin|zieh|en
► in|formier|en
mit|arbeit|en
mit|fühl|en
mit|geb|en
mit|mach|en
mit|nehm|en
mit|reiß|en
mit|teil|en
► regn|en
über|geb|en
► über|quer|en
über|rasch|en
über|schlag|en
über|wind|en
um|dreh|en
um|fahr|en
um|fall|en
um|hör|en
► um|kehr|en
um|kleid|en
► ver|biet|en
► ver|brauch|en
► ver|brenn|en
► ver|ein|en
► ver|gess|en
► ver|lern|en
► ver|letz|en
► ver|lier|en
► ver|pack|en
► ver|schmutz|en
► ver|spät|en
► ver|steck|en
► ver|such|en
vor|be|reit|en
vor|les|en
vor|schlag|en
weg|blas|en
weg|fahr|en
► weg|geh|en

weg|lauf|en
weg|nehm|en
weg|pack|en
weg|steck|en
weg|wisch|en
wieder|be|komm|en
wieder|be|leb|en
wieder|ent|deck|en
wieder|find|en
wieder|komm|en
wieder|seh|en
zer|beiß|en
zer|drück|en
zer|geh|en
zer|leg|en
zer|pflück|en
zer|platz|en
zer|reiß|en
zer|tret|en
zu|geb|en
zu|mach|en

-n

be|förder|n
be|geist|er|n
ein|schüchter|n
► ent|wickel|n
gegen|steuer|n
► schüttel|n
► segel|n
zer|trümmer|n

-t

► gib|t – *geben*
hab|t – *haben*
hiel|t – *halten*
► iss|t – *essen*
► nimm|t – *nehmen*

-te

bau|te – *bauen*
brach|te – *bringen*
brauch|te – *brauchen*
dach|te – *denken*
er|zähl|te – *erzählen*
frag|te – *fragen*
hat|te – *haben*
hol|te – *holen*
hör|te – *hören*
kauf|te – *kaufen*
konn|te – *können*
lach|te – *lachen*
leg|te – *legen*
mach|te – *machen*
muss|te – *müssen*
rann|te – *rennen*
sag|te – *sagen*
setz|te – *setzen*
soll|te – *sollen*
spiel|te – *spielen*
stell|te – *stellen*
such|te – *suchen*
wart|e|te – *warten*
woll|te – *wollen*

Level 23: Strategie Merken: restliche Orthographeme

Bereits bekannt

Lautgetreuer Bereich (Level 1–14)

Orthografischer Bereich

Level 15 = Thema 1: Doppelkonsonanten **bb, ff, gg, ll, mm, nn, pp, rr, ss, tt**, wenn sie direkt per Pilotsprache hörbar zu machen sind

Level 16 = Thema 2: **ck** und **tz**, wenn sie direkt per Pilotsprache hörbar zu machen sind

Level 17 = Thema 3: Strategie Verlängern: Doppelkonsonanten am Wort-/Morphemende, Auslautverhärtung **b, d**, **g,** Velarisierung im Auslaut **„-ig"**

Level 18 = Thema 4: Strategie Ableiten: Umlaute **ä** und **äu**

Level 19 = Thema 5: Strategie Merken: Endung **„-ine"**

Level 20 = Thema 6: Strategie Merken: Dehnungs-**h**

Level 21 = Thema 7: Systematisierung: Schreibung von /z/ und /s/ mit **s, ss** oder **ß**

Level 22 = Thema 8: Strategie Morphemanalyse: Anfangs- und Endbausteine erkennen, Stammprinzip beachten

Neu eingeführt

Strategie Merken: restliche Orthographeme

nicht verlängerbare Doppelkonsonanten am Wort-/Morphemende

nn für /n/ wie in *wenn, dann*

tz für /ʦ/ wie in *jetzt, plötzlich*

nicht verlängerbarer, verhärteter Auslaut

b für /p/ wie in *ab*

d für /t/ wie in *seid*

g für /k/ wie in *jeglich, weg*

weitere Orthographeme in deutschen Wörtern

ä für /ɛ/ wie in *ätzend*

ai für /aɪ̯/ wie in *Kaiser*

dt für /t/ am Morphemende wie in *Stadt*

i für /i:/ wie in *Igel, Biber*

v für /f/ wie in *viel*

Doppelvokale

aa für /a:/ wie in *Haar*

ee für /e:/ wie in *Meer, Idee*

oo für /o:/ wie in *Zoo*

Orthographeme in Fremdwörtern

a für /ɛ/ in Fremdwörtern wie *Scanner*

ai für /ɛ:/ in Fremdwörtern wie *Training, fair*

c für /k/ in Fremdwörtern wie *Comic*,
für /ʦ/ in Fremdwörtern wie *circa*

ch für /ç/ am Wortanfang / in Fremdwörtern wie *Chemie*,
für /k/ am Wortanfang / in Fremdwörtern wie *Chor*,
für /ʃ/ am Wortanfang / in Fremdwörtern wie *Chefin*,
für /ʧ/ am Wortanfang / in Fremdwörtern wie *chatten*

i für /aɪ/ in Fremdwörtern wie *online*
für /i:/ in Fremdwörtern wie *Kino*

j für /ʤ/ in Fremdwörtern wie *Job*

oo für /u:/ in Fremdwörtern wie *cool*

ph für /f/ in Fremdwörtern wie *Philosophie*

th für /t/ in Fremdwörtern wie *Theater, lethal*

v für /w/ in Fremdwörtern wie *Vitamin, Level*

x für /ks/ in Fremdwörtern wie *Xylofon, fix*

y für /aɪ̯/ in Fremdwörtern wie *Recycling*,
für /i/ in Fremdwörtern wie *Baby, Handy*,
für /j/ in Fremdwörtern wie *Yak, Yen*,
für /ʏ/ in Fremdwörtern wie *Rhythmus*,
für /y:/ in Fremdwörtern wie *Zypern*

Hinweise

Die hier eingeführten restlichen Orthographeme tauchen nicht nur, aber häufig in Fremdwörtern auf.
Zum einen sind das Doppelkonsonanten, die man nicht verlängernd herleiten kann (wie **nn** in *da**nn*** oder **tz** in *plö**tz**lich*) und verhärtete Auslaute (wie **b** in *a**b***), auf die das ebenfalls zutrifft.
Zudem geht es hier um das **i** für langes /i:/ wie in ***I**gel*, das üblicherweise zum Wortschatz gehört, der sehr früh verschriftlicht wird, um den Diphthong **ai**, **dt** für /t/, aber auch um die Verschriftlichung von Langvokalen durch Doppelvokale.
Die Anzahl der Fremdwörter und die dort auftretenden Orthographeme ist zu umfangreich, um sie hier systematisch aufzulisten. Die für den erweiterten Grundwortschatz der Grundschulen erforderlichen Korrespondenzen sind aber erfasst. Manche Orthographeme treten auch so selten auf, dass man kaum grundschulrelevante Begriffe für sie findet.

Neue Wörter

nicht verlängerbare Doppelkonsonanten

▶ dann
denn
jetzt
▶ letzte ⊕ *(nicht steigerbar)*
▶ plötzlich ⊕ *(nicht steigerbar)*
▶ wann
▶ wenn
▶ zuletzt
▶ zurück

nicht verlängerbarer, verhärteter Auslaut

▶ ab
der ▶ Absatz ○
der ▶ Herbst ○
irgend
irgendetwas
irgendwo
▶ ob
das ▶ Obst ○
▶ seid ⚲ – sein
▶ sind ⚲ – sein
▶ und
▶ weg
▶ weggehen ⚲

weitere Orthographeme in deutschen Wörtern

ä für /ɛ/

ätzen ⚲
die Lärche ○
der ▶ Lärm ○
lärmen ⚲
der ▶ März ○
rückwärts

ai für /aɪ̯/

der ▶ Kaiser ○
die Kaiserin ○
der ▶ Laib ○
der ▶ Mai ○
der Mais ○
die Saite ○
die Waise ○

dt für /t/

die ▶ Stadt ○
▶ verwandt ⊕

i für /i:/

der Biber ○
▶ dir
der ▶ Igel ○
▶ mir
der ▶ Tiger ○

v für /f/

- ▶ bevor
- ▶ brav ⊕ *(klingt, wenn Vokal folgt, auch /w/)*
- hervor
- der ▶ Vater ◯
- das Vieh ◯
- ▶ viel ⊕
- ▶ vielleicht
- ▶ vier
- vierzig
- der ▶ Vogel ◯
- das Volk ◯
- ▶ voll ⊕
- voller ⊕ – *voll*
- am vollsten ⊕ – *voll*
- ▶ vom
- ▶ von
- ▶ vor

Doppelvokale

- die Allee ◯
- das ▶ Boot ◯
- doof ⊕
- das Ehepaar ◯
- die Fee ◯
- das ▶ Haar ◯
- die Idee ◯
- der Kaffee ◯
- der Klee ◯
- leer ⊕ *(nicht steigerbar)*
- das ▶ Meer ◯
- das ▶ Moor ◯
- das ▶ Moos ◯
- die Moschee ◯
- ▶ paar ⊕ *(nicht steigerbar)*
- das Paar ◯
- der Saal ◯
- die Saat ◯
- der ▶ Schnee ◯
- der ▶ See ◯
- die ▶ See ◯
- der ▶ Tee ◯
- der Teer ◯
- die Waage ◯
- der Zoo ◯

Orthographeme in Fremdwörtern

c für /k/ oder /ʦ/

- der ▶ Cent ◯
- circa
- clever ⊕
- der ▶ Clown ◯
- die Cola ◯
- der Comic ◯
- der ▶ Computer ◯
- cool ⊕
- die Cornflakes ◯
- die Couch ◯
- der Cousin ◯

die Cousine ◯
der Cowboy ◯
die Creme ◯
das Croissant ◯
der Cursor ◯

ch für /k/, /ç/, /ʃ/ oder /ʧ/

das Chamäleon ◯
der Champignon ◯
die Chance ◯
das Chaos ◯
chaotisch ⊕
chatten
der Chef ◯
die Chefin ◯
China ◯
der Chip ◯
der Chor ◯
der ► Christ ◯
das Orchester ◯

i für /i:/

die Bibel ◯
der Biomüll ◯
der Delfin ◯
die ► Familie ◯
der Kamin ◯
das Kilogramm ◯
der Kilometer ◯
das Kino ◯
die Kiwi ◯
das Klima ◯
das Krokodil ◯

lila ⊕ *(nicht steigerbar)*
die Linie ◯
der ► Liter ◯
die Medizin ◯
die Musik ◯
die Notiz ◯
der Pinguin ◯
der Termin ◯

ph für /f/

das Alphabet ◯
die Philosophie ◯
philosophieren
die Strophe ◯

th für /t/

die Apotheke ◯
die Bibliothek ◯
die Mathematik ◯
das ► Theater ◯
das Thema ◯
das ► Thermometer ◯
der Thron ◯
der Thunfisch ◯

v für /w/ oder /f/

das Adjektiv ◯ *(klingt, wenn Vokal folgt, auch /w/)*
dividieren
die Division ◯
die Kurve ◯
der ► November ◯

die Olive ○
oval ⊕ *(nicht steigerbar)*
der Pullover ○
das Pulver ○
das Silvester ○
das Substantiv ○ *(klingt, wenn Vokal folgt, auch /w/)*
die ▶ Vase ○
das Verb ○
das Virus ○
das Vitamin ○
die Vokabel ○
der Vokal ○

x für /ks/

die Axt ○
▶ boxen ⚲
explodieren ⚲
die Explosion ○
extra ⊕ *(nicht steigerbar)*
extrem ⊕ *(nicht steigerbar)*
fix ⊕
die ▶ Hexe ○
das ▶ Lexikon ○
der Luxus ○
▶ mixen ⚲
der Mixer ○
die Nixe ○
das ▶ Taxi ○
der ▶ Text ○
das Xylofon ○

y für /aɪ̯/, /i/, /j/, /ʏ/ oder /y:/

das ▶ Baby ○
das ▶ Handy ○
das Hobby ○
die Party ○
das Pony ○
die Pyramide ○
das Recycling ○
das Symbol ○
die Symmetrie ○
das System ○
der ▶ Teddy ○
der Typ ○
typisch ⊕
das Yak ○
der Yen ○
das Yoga ○
der Yogi ○
der Zylinder ○
Zypern ○

Weitere Fremdwörter

addieren ⚲
die Addition ○
der Artikel ○
die ▶ Band ○
das Display ○
fair ⊕

die Garage ◯
der ► Hai ◯
das Halloween ◯
die Jeans ◯
der ► Job ◯
joggen ⚲
der Kakao ◯
der ► Kai ◯
der Laptop ◯
die Multiplikation ◯
multiplizieren ⚲
das Objekt ◯
online ⊕ *(nicht steigerbar)*
orange ⊕ *(nicht steigerbar)*
parallel ⊕ *(nicht steigerbar)*
das Parallelogramm ◯
die ► Pizza ◯
das Quiz ◯
der Scanner ◯
die ► Skizze ◯
► skizzieren ⚲
das Subjekt ◯
subtrahieren ⚲
die Subtraktion ◯
surfen ⚲
die Szene ◯
die Toilette ◯
trainieren ⚲
das Training ◯

Literatur und Quellen

Anderer, Carin / Bark, Claudia et al. (2014): *Handreichung: Hinweise und Beispiele für den Rechtschreibunterricht an Hamburger Schulen*. Hamburg: Freie und Hansestadt Hamburg, Behörde für Schule und Berufsbildung, Landesinstitut für Lehrerbildung und Schulentwicklung (Hrsg.)

Bundesministerium für Bildung (Hrsg.) (2016): *Evidenzbasierte LRS-Förderung*. Wien: Bundesministerium für Bildung

Deutsche Gesellschaft für Kinder- und Jugendpsychiatrie, Psychosomatik und Psychotherapie e. V. (DGKJP) (2015): *Diagnostik und Behandlung von Kindern und Jugendlichen mit Lese- und/oder Rechtschreibstörung* (Evidenz- und konsensbasierte Leitlinie S3; AWMF-Registernummer 028-044; gültig bis 22.04.2012)

DUDEN (2015[6]): *Ausspracheswörterbuch*. Berlin: Dudenverlag

DUDEN (2017[27]): *Die deutsche Rechtschreibung*. Berlin: Dudenverlag

Elspaß, Stephan / Möller, Robert (ab 2001 fortwährend): *Atlas zur deutschen Alltagssprache* (http://www.atlas-alltagssprache.de)

Garbe, Ute et al. (2011): Förderung gestalten. Kinder und Jugendliche mit besonderem Förderbedarf und Behinderung. Modul C: Schwierigkeiten im Erwerb von Lesen und Rechtschreiben. Stuttgart: Landesinstitut für Schulentwicklung (LS)

Grund, Martin: *https://www.gut1.de/grundwortschatz/aufbau.html* (Zugriffsdatum 01.12.2016)

Kluge (1995[23]): *Etymologisches Wörterbuch der deutschen Sprache*. Bearbeitet von Elmar Seebold. Berlin / New York: Walter de Gruyter

Scheerer-Neumann, Gerheid (2015): *Lese-Rechtschreib-Schwäche und Legasthenie. Grundlagen, Diagnostik und Förderung*. Reihe: Lehren und Lernen. Stuttgart: Kohlhammer

Schwenke, Jutta et al. (2010): Ein Leitfaden zum Umgang mit Lese-Rechtschreib-Schwierigkeiten in der Grundschule. Berlin: Landesinstitut für Schule und Medien (LISUM) Berlin-Brandenburg

Thomé, Günther / Thomé, Dorothea (2016): *Deutsche Wörter nach Laut- und Schrifteinheiten gegliedert. Einfaches und Schwieriges auf einen Blick erkennen*. Oldenburg: Institut für sprachliche Bildung – Fachverlag

Wiktionary – Aussprache (https://de.wiktionary.org/wiki/Aussprache; Zugriffzeitraum: August 2017)